EAT

RESTOS, BOUTIQUES, MARCHÉS 100% FOOD

ROME

ANNABELLE
SCHACHMES

hachette

L'édito

d'Annabelle Schachmes

Journaliste gastronomique et autrice de livres de cuisine, notamment sur les différentes cultures culinaires, Annabelle aime la nourriture, mais aussi ceux qui la font. Elle a noué des liens profonds avec les principaux acteurs des scènes culinaire et gastronomique de Rome.

La dolce vita... Au-delà du célèbre film de Federico Fellini, c'est véritablement un art de vivre à l'italienne. **Prendre le temps !** Et quelle plus belle ville au monde que Rome pour comprendre cette vision de la vie ? Car ici, jamais un repas ne vous y sera servi à la hâte ! Alors *osteria*, *salumeria*, *gelateria* et tant d'autres, quel que soit le commerce de bouche à côté duquel vous passerez, arrêtez-vous, même si vous aviez prévu autre chose, même si vous êtes attendu, arrêtez le temps ! Vous verrez, Rome vous offrira des émotions culinaires comme vous n'en avez jamais vécu.

En discutant avec mon ami, le maestro de la cuisine italienne, Fulvio Pierangelini, j'ai véritablement compris que, dans cette ville, gastronomie rime avec authenticité. On va à l'essentiel avec des techniques qui se transmettent de génération en génération !
Cela s'est confirmé lorsqu'en me baladant dans les jardins de la villa Médicis, j'ai écouté le chef résident, Arturo Franzino, me raconter toute la passion qu'avaient les Médicis pour les agrumes et me montrer la collection d'arbres fruitiers qu'ils sont en train d'y récréer.

Perdez-vous dans les ruelles du Trastevere en grignotant un biscuit tout juste acheté au Biscottificio Artigiano Innocenti et vous replongerez dans une partie de votre vie qui vous semblait pourtant lointaine. Un doux moment qui s'appelle l'enfance.

Attablez-vous chez Gramigna Resistenza Culinaria, dans le mercato rionale Flaminio Primo, au milieu de locaux venant faire leurs courses,

pour prendre le pouls de cette ville incroyable. **Chaque bouchée de leurs délicieux plats de pâtes vous aidera à comprendre à quel point la tradition culinaire italienne devrait être classée au patrimoine immatériel de l'Unesco.**

J'ai réalisé, dans l'avion qui me ramenait chez moi, combien chacune de ces rencontres et de ces saveurs m'avaient permis de comprendre que Rome est une ville de ressentis et d'émotions, qu'on ne marche jamais innocemment dans ses rues et que chaque plat dégusté restera très certainement dans votre Panthéon de goûts préférés. Que jamais je n'aurais aussi précisément appréhendé cette ville, et certainement son histoire, sans en avoir digéré toutes ses saveurs.

Quoi de mieux pour découvrir une destination que de manger comme ses habitants ?

SOMMAIRE

SPÉCIALITÉS & EXPÉRIENCES

RENCONTRE AVEC

La crème de la crème POUR BIEN MANGER

Piazza di Spagna / piazza del Popolo

Pantheon / piazza Navona

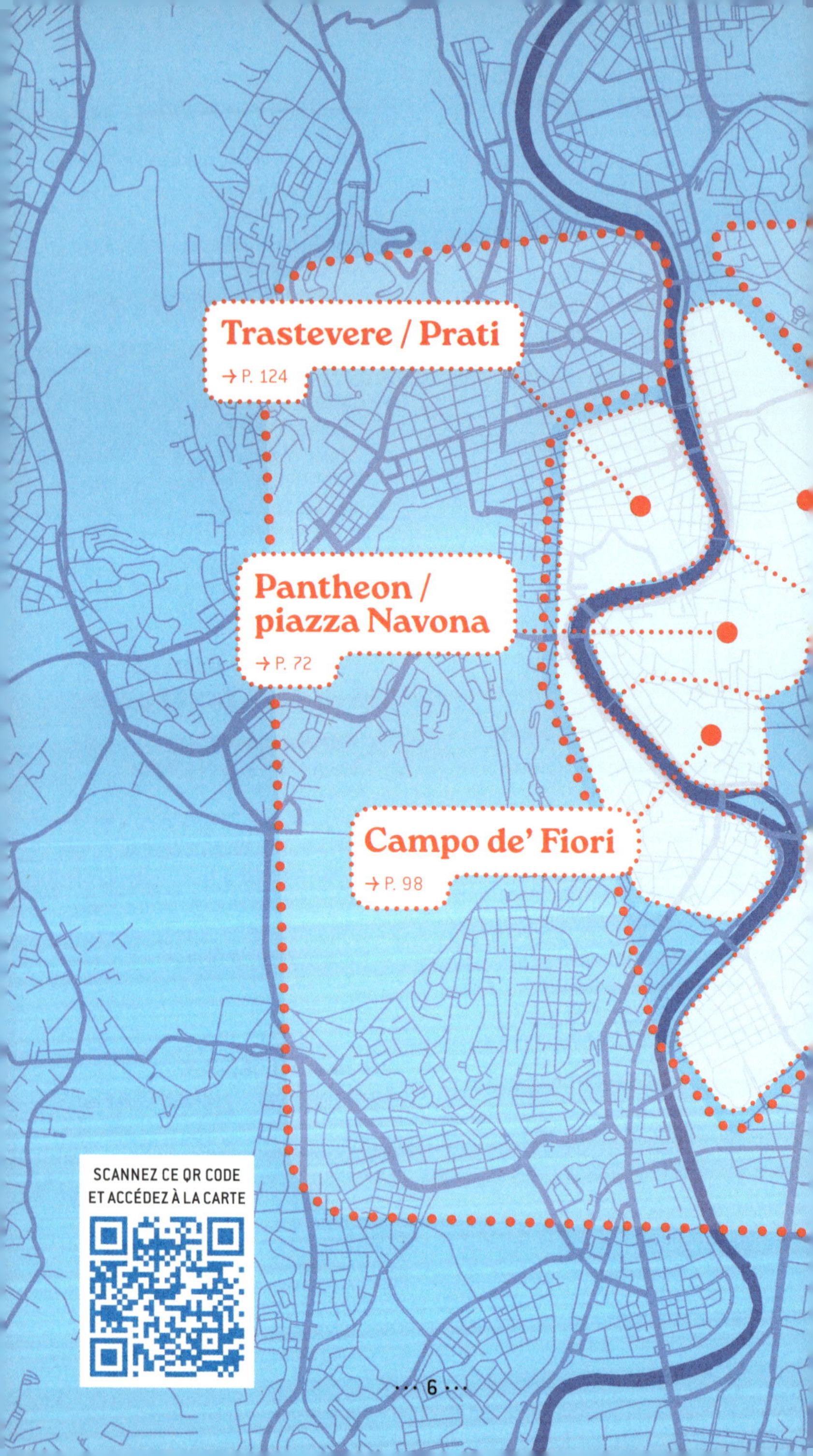

Trastevere / Prati
→ P. 124
Pantheon / piazza Navona
→ P. 72
Campo de' Fiori
→ P. 98
SCANNEZ CE QR CODE ET ACCÉDEZ À LA CARTE

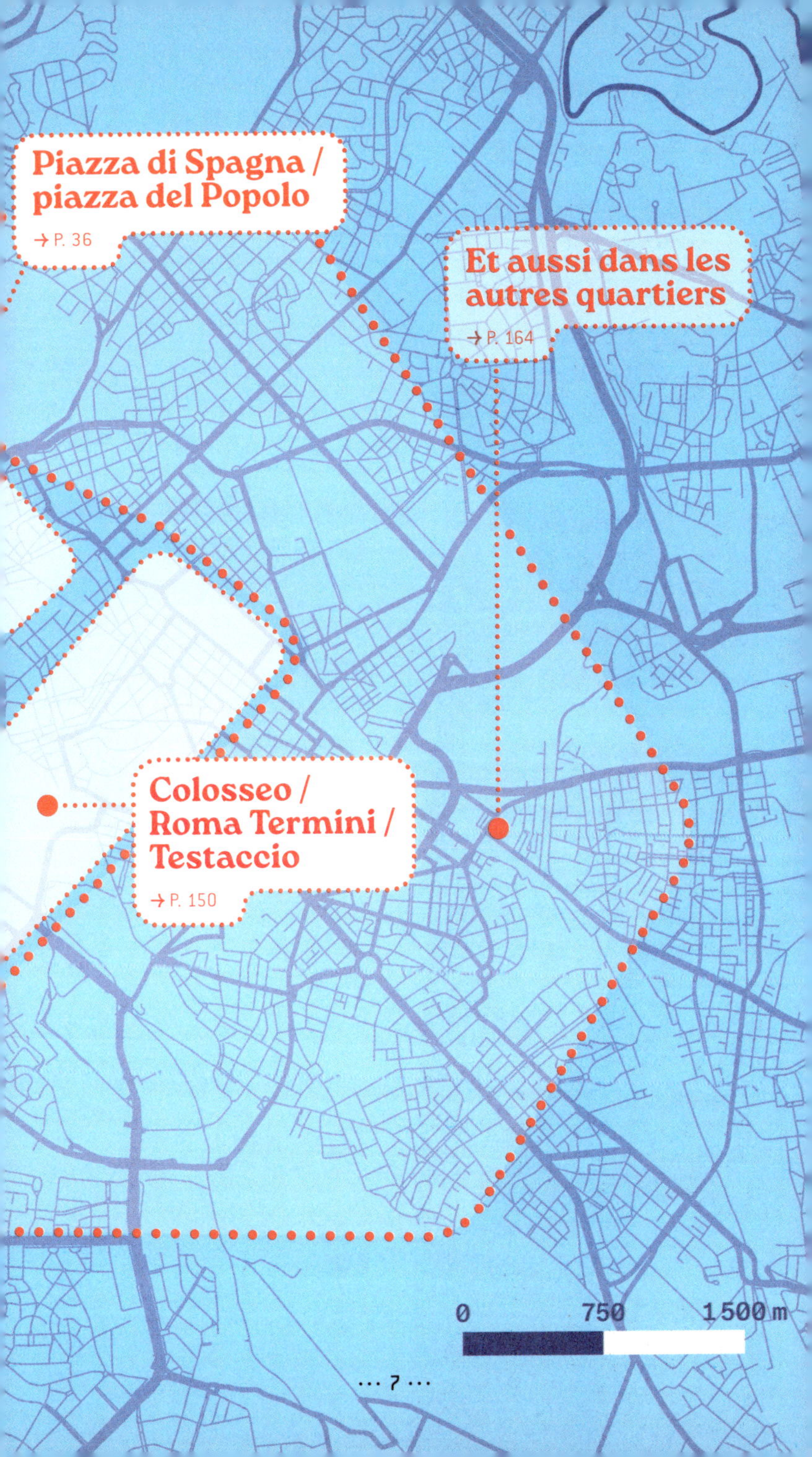
Piazza di Spagna / piazza del Popolo
→ P. 36
Et aussi dans les autres quartiers
→ P. 164
Colosseo / Roma Termini / Testaccio
→ P. 150
0
750
1500 m

SI VOUS

POUR SE PRENDRE UN SHOOT DE NOSTALGIE

Biscottificio Artigiano Innocenti

Via della Luce, 21, 00153 | Lundi-samedi 8h-19h30

→ @biscottificioinnocenti

P. 126

POUR VIVRE UN MOMENT DE DOLCE VITA À L'ÉTAT PUR !

Le Jardin

@ l'Hôtel de Russie

Via del Babuino, 9, 00187 | Tous les jours 12h30-15h / 19h30-22h30

P. 38

POUR PRENDRE LE POULS DE LA VIE QUOTIDIENNE

Rosati

Piazza del Popolo, 5A, 00187 | Tous les jours 7h30-23h30

→ @barrosati.it

P. 54

N'AVEZ QUE 24H

POUR MANGER LES MEILLEURES PIZZAS AL TAGLIO

Antico Forno Roscioli

Via dei Chiavari, 34, 00186 | Lundi-samedi 7h30-20h / Dimanche 8h30-20h

→ **@anticofornoroscioli**

P. 104

POUR GOÛTER AUX PRODUITS DU TERROIR DES ENVIRONS DE ROME

Mercato di Campagna Amica al Circo Massimo

Via di San Teodoro, 74, 00186 | Samedi-dimanche 8h-15h

→ **mercatocircomassimo.campagnamica.it**

P. 152

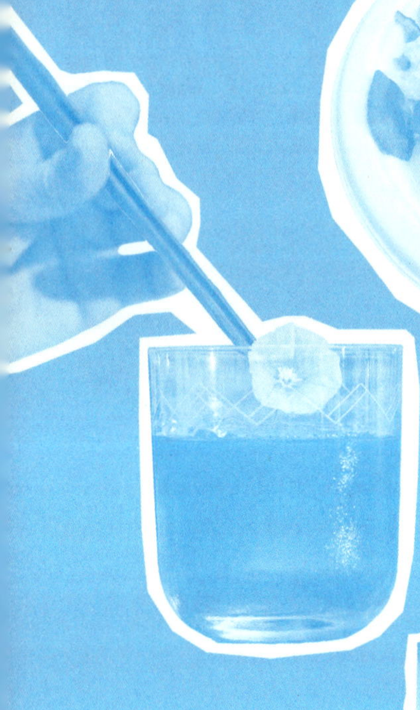

LE TOP SPÉCIALITÉS & EXPÉRIENCES

ENVIE DE DÉCOUVRIR LES SPÉCIALITÉS LOCALES DANS LES MEILLEURS RESTAURANTS DE LA VILLE OU DE VIVRE DES EXPÉRIENCES CULINAIRES INÉDITES ? VOUS ÊTES AU BON ENDROIT ! DANS LES PAGES QUI SUIVENT, PRÉPAREZ-VOUS À EMBARQUER POUR UN VOYAGE GUSTATIF UNIQUE. DES PLATS AUTHENTIQUES, AUX SAVEURS FASCINANTES, VOUS FERONT VIVRE DES MOMENTS FORTS OÙ CHAQUE BOUCHÉE ET DÉCOUVERTE SERONT UNE INVITATION À SAVOURER LE MEILLEUR DE LA GASTRONOMIE LOCALE.

EXPÉRIENCE

LES AGRUMES ET LA RENAISSANCE

À LA VILLA MÉDICIS

Accordez-vous un moment de contemplation, une sorte de rêverie savoureuse, dans les sublimes jardins de la Villa Médicis et imprégnez-vous de cette atmosphère si singulière donnant le sentiment que le temps s'est arrêté. Si vous êtes attentifs, vous constaterez que dans ce lieu magique ont été plantées de nombreuses variétés d'agrumes. Pourquoi ? me direz-vous. La réponse est simple !

Remontons au temps de la Renaissance en Italie, période de véritable révolution culturelle qui a duré plus d'un siècle et durant laquelle le père de Ferdinand de Médicis, le grand-duc de Toscane, Cossimo Ier a voué une véritable passion aux agrumes. Il a joué un rôle clé dans le développement des jardins de la famille Médicis, comme ceux du palais Pitti et de la Villa di Castello à Florence, qui ont été aménagés avec une large variété de plantes rares, dont des agrumes. Ferdinand, qui partageait la passion de son père, a introduit les agrumes à Rome mais a continué également l'activité à Florence, où il est retourné en 1687. Ils étaient tous deux collectionneurs de ces fruits, les considérant comme de véritables œuvres d'art. Voilà pourquoi aujourd'hui les agrumes ont toujours une place de choix dans les jardins de la Villa Médicis.

Cultivés en pleine terre, en pot et en espalier, ceux-ci sont, dans cet immense espace extérieur, une note de plus dans la sublime partition écrite il y a des siècles par les Médicis. Autre superbe hommage à la passion pour les agrumes des Médicis, l'œuvre de l'artiste française d'origine japonaise, Natsuko Uchino, reprenant dans une interprétation singulière les énormes pots traditionnels de l'artisanat toscan, en terre argileuse d'Impruneta – matière qui résiste au gel –, dont la forme si singulière est associée à un décor classique en grappe de fruits et de fleurs. Ces œuvres reprennent les fondamentaux de la culture en pot, celle-ci étant protocolaire, puisque le pot est posé sur une pierre pour drainer les racines, ce que l'on peut parfaitement observer sur la version contemporaine de Natsuko Uchino. Le propos de cette œuvre est véritablement de revisiter des approches traditionnelles et des savoir-faire artisanaux. Cette installation entre dans le cadre de la vaste campagne de réaménagement, « Réenchanter la Villa Médicis », faisant rayonner le design contemporain, les métiers d'art et le patrimoine restauré à la Villa Médicis.

Si vous souhaitez rapporter avec vous un peu de ces agrumes, direction la boutique ! Vous y trouverez une délicieuse confiture d'oranges amères faite par les femmes de la prison de Rebibbia avec les oranges cultivées dans le jardin éco-responsable de la Villa Médicis.

EXPÉRIENCE

UN APERITIVO
HORS DU TEMPS

LE STRAVINSKIJ BAR
DE L'HÔTEL DE RUSSIE

LE STRAVINSKIJ BAR DE L'HÔTEL DE RUSSIE

VIA DEL BABUINO, 9, 00187

Tous les jours 10h-1h
Aperitivo à partir de 18h | €€

1 → VOIR PLAN P. 124

Je ne sais pas s'il existe un moment plus romain qu'un *aperitivo* à l'Hôtel de Russie, car il est la parfaite définition de ce qu'est la dolce vita ! Installés avec une vue incroyable sur les sublimes jardins conçus au début du XIXe siècle par Giuseppe Valadier, l'architecte de la toute proche piazza del Popolo, le temps s'arrêtera complètement ! Fini les soucis, fini le tumulte des bouillonnantes via del Babuino ou del Corso d'où vous viendrez peut-être après une séance de shopping, ce lieu pousse véritablement à un lâcher prise auquel on ne s'attend absolument pas lorsque l'on pousse ses portes pour boire un cocktail. Ce n'est pas pour rien que le compositeur Igor Stravinskij, mais aussi Pablo Picasso et Jean Cocteau, décrivaient cet endroit comme un véritable paradis sur terre.

À la carte de cette institution romaine, des cocktails créations mais aussi des grands classiques de la mixologie. Le Stravinskij Spritz ainsi que le Bellini (fait à base de pêches blanches mixées, lorsque c'est la saison) sont tout simplement exceptionnels. Personnellement, c'est leur Stravinskij Special Bloody Mary que je trouve mémorable ! Tout comme le Bellini, il est réalisé à base de tomates Piccadilly cueillies à pleine maturité et mixées, auxquelles sont ajoutés de la vodka, du jus de citron vert et un mélange d'épices secrètes. Pour l'*aperitivo*, vos cocktails d'exception seront accompagnés de quelques bouchées du maestro de la cuisine italienne, le chef Fulvio Pierangelini, comme une sorte de cerise sur le gâteau de ce moment juste parfait !

LE TOP

DES MEILLEURES PIZZAS ROMAINES

On a tous en tête la représentation légendaire de la pizza italienne comme ayant une croûte bien dodue, à la fois aérienne et moelleuse. Mais la pizza romaine a un style bien à elle! Beaucoup moins mise en avant, en Italie ou à travers le monde, que sa cousine napolitaine, elle est ultra fine et sa pâte, saisie par la forte chaleur du four à pizza, est croustillante à souhait! Entre nous, c'est ma préférée car sa pâte, contenant beaucoup moins de levure que la pizza napolitaine, est beaucoup plus digeste ! Vous pourrez également déguster à Rome des pizzas al taglio, *c'est-à-dire à la coupe. Vendues au poids ou à la part, leurs pâtes souvent fines peuvent parfois être super aérées comme chez Bonci Pizzarium, le maître romain en la matière! Quoi qu'il arrive, ne rentrez pas chez vous sans avoir goûté ces pizzas fabuleuses! Dans un restaurant ou* al taglio, *c'est dans les adresses que nous vous confions que vous trouverez le goût de référence de cet incontournable de la cuisine italienne!*

PIZZA ROMAINE

L'INCONTOURNABLE

AI MARMI

Viale di Trastevere, 53-59, 00153 | Jeudi-mardi 18h30-2h | €

84 → VOIR PLAN P. 124

Si le tout Rome se retrouve ici chaque soir, ça n'est pas pour rien ! Leurs pizzas sont la définition parfaite de la pizza romaine ! À l'intérieur, c'est un véritable spectacle avec des pizzaïolos qui font le show devant un public qui n'a pourtant d'yeux que pour son assiette ! On vient ici pour la qualité des pizzas, absolument délicieuses, autant que pour l'ambiance 100 % italienne !

ON AIME AUSSI BEAUCOUP

80 L'ELEMENTARE

Via Benedetta, 23, 00153 | Dimanche-jeudi 12h-minuit / Vendredi-samedi 12h-1h | €

42 DA BAFFETTO

Via del Governo Vecchio, 114, 00186 | Mercredi-lundi 12h-15h30/18h-minuit / mardi 18h-minuit | €

PIZZA AL TAGLIO

L'INCONTOURNABLE

BONCI PIZZARIUM

Via della Meloria, 43, 00136 | Mardi-samedi 11h-22h / dimanche 11h-15h/17h-22h | de € à €€

104 → VOIR PLAN P. 164

Les pizzas *al taglio* du Bonci Pizzarium sont incontestablement une référence mondiale de la pizza en général ! Leur pâte est juste hallucinante, à la fois croustillante, parfaitement levée et aérienne. Les garnitures, quant à elles, en plus d'être super originales, sont toutes constituées de produits incroyables, comme une burrata à tomber par terre ou des anchois à la salaison parfaite. Croquer dans une pizza faite par Gabriele Bonci est un moment unique qui donne la sensation de mordre dans un nuage !

ON AIME AUSSI BEAUCOUP

108 PANTERA

Circonvallazione Ostiense, 153, 00154 | Mardi-mercredi 12h-15h / jeudi-samedi 12h-15h/18h-22h / dimanche 18h-21h | €

79 PIZZERIA SANCHO DAL 1969

Via Giuseppe Gioachino Belli, 3a, 00193 | Lundi-samedi 10h-21h | €

LE TOP

DES MEILLEURES PASTAS DE ROME

L'histoire culinaire de Rome est intimement liée alla pasta *puisque trois recettes mythiques sont associées à la ville ! En effet, les pâtes alla gricia dont le nom viendrait du mot* gricio *(nom donné aux boulangers dans la Rome du XVe siècle), assaisonnées de poivre, de pecorino et de guanciale sont la base des deux autres recettes « star » de Rome : la carbonara – à laquelle est ajoutée une sorte de sabayon fait d'œuf et d'eau de cuisson des pâtes – et l'amatriciana – à laquelle est ajoutée de la sauce tomate. Ces recettes emblématiques de la* cucina povera, *sont devenues aujourd'hui des incontournables de la gastronomie italienne et voici quelques adresses où vous pourrez en déguster d'incroyables !*

LA CARBONARA ET LA GRICIA

L'INCONTOURNABLE

ARMANDO AL PANTHEON

Salita de' Crescenzi, 31, 00186 | Lundi-samedi 12h30-15h/19h-23h | €€

43 → VOIR PLAN P. 72

Ouvert en 1961, le restaurant de Claudio et Fabrizio Gargioli est un passage obligé quand on aime la pasta, la vraie ! Véritable référence en la matière c'est vraiment ici que vous dégusterez les meilleures spaghettis alla carbonara de la ville ! Le lieu est aussi réputé comme servant les meilleurs artichauts ou tripes à la romaine.

L'INATTENDU

CIAMPINI CAFFÈ

Piazza di San Lorenzo in Lucina, 29, 00186 | Lundi-samedi 8h30-22h / dimanche 9h30-22h | €

2 → VOIR PLAN P. 36

Leurs spaghettis alla carbonara sont mes préférés à Rome !
Ils vous donneront en une seule bouchée une leçon de cuisine italienne ! La sauce, comme un sabayon, est absolument incroyable ; le guanciale est viril et sauvage et le mix pecorino et poivre donne le taquet final qui vous achèvera !

L'AMATRICIANA

L'AUTHENTIQUE

SANTO PALATO

Piazza Tarquinia, 4 a/b, 00183 | Tous les jours 12h30-15h/19h30-22h | €

109 → VOIR PLAN P. 164

On adore la version juste parfaite de la pasta all'amatriciana de ce restaurant à la carte courte mais juste fabuleuse ! Ici on va à l'essentiel mais toujours avec une délicieuse justesse ! Je vous conseille de goûter également leurs *polpette* de queue de bœuf, absolument incroyables !

L'ÉLÉGANTE

IL CAFFÈ @ BVLGARI HOTEL

Piazza Augusto Imperatore, 10, 00186 | Tous les jours 7h-minuit (dernière commande à 23h) | €€

6 → VOIR PLAN P. 36

PERFECTION ! Tout, donc les pastas all'amatriciana du caffè Bvlgari, est délicieux. La sauce tomate est juste parfaite car son assaisonnement la met sincèrement en valeur et le guanciale est à tomber par terre !

LA RECETTE SPÉCIALE

ALFREDO ALLA SCROFA

Piazza Tarquinia, 4 a/b, 00183 | Tous les jours 12h30-15h/19h30-22h | €€

41 → VOIR PLAN P. 72

De nombreux restaurants romains auront leur recette maison mais celle à essayer est vraiment celle des fettucine Alfredo ! Véritable éloge de la simplicité, le secret de cette recette – constituée uniquement d'ingrédients de base des pâtes fraîches maison, du beurre doux et du parmesan – réside en un tour de main précis lors de l'incorporation du parmesan aux pâtes cuites disposées dans le plat de service avec le beurre doux et un peu d'eau de cuisson.

RADICCHIO
ITALIA
€ 5,00
FRUTTA E VERDURA DI QUALITÀ
€ 7,00
al Kg
€ 2,50

SAMSUNG

Ciampini
ROMA

RENCONTRE AVEC

FULVIO PIERANGELINI
LE GÉNIE DE LA CUISINE ITALIENNE

ANGELO CIAMPINI
UNE NOUVELLE GÉNÉRATION DE VIRTUOSES DE LA GELATERIA

MARIE-CÉCILE ZINSOU
UNE HISTORIENNE DE L'ART

FAITES CONNAISSANCE AVEC CES AMOUREUX INCONTESTÉS DE BONNE CHÈRE, EXPERTS DE LA SCÈNE CULINAIRE LOCALE OU GOURMETS AVERTIS ! ILS VOUS FERONT DÉCOUVRIR ROME À TRAVERS LEUR REGARD D'ÉPICURIENS, AINSI QUE DES LIEUX INÉDITS SORTANT TOTALEMENT DES SENTIERS BATTUS, OU VOUS PARLERONT D'INSTITUTIONS INCONTOURNABLES COMME PERSONNE AUPARAVANT. POUR DÉCOUVRIR DE VÉRITABLES PÉPITES, PARTEZ À L'AVENTURE AVEC CES VIRTUOSES DES SAVEURS OU AMATEURS ÉCLAIRÉS, SPÉCIALISTES INDÉNIABLES ET FINS PALAIS !

RENCONTRE AVEC

FULVIO PIERANGELINI

LE GÉNIE DE LA CUISINE ITALIENNE

Fulvio Pierangelini est un génie ! Lorsqu'il parle de cuisine, il n'évoque jamais des techniques pompeuses mais des émotions, de la passion. Car je pense que pour lui, la cuisine se vit plus qu'elle ne s'exécute. Lorsque le journaliste gastronomique Stefano Bonilli décide de créer le maintenant célèbre guide Gambero Rosso – l'équivalent italien du guide Michelin –, c'est du nom du restaurant du chef dont il s'inspire. C'est vous dire à quel point, au-delà de sa cuisine, celui que le journaliste François-Régis Gaudry a défini comme un « monstre sacré de la cuisine italienne » marque celle-ci au fer rouge.

ROSCIOLI CAFFÈ PASTICCERIA

Pâtisserie

Piazza Benedetto Cairoli, 16, 00186 | ☏ +39 06 8916 5330 | Lundi-vendredi 7h-18h / samedi 7h30-18h / dimanche 8h-18h | € | @roscioliCaffe | rosciolicaffe.com

62 → VOIR PLAN P. 98

J'aime absolument toutes les adresses de la famille Roscioli, mais je dois avouer avoir un vrai coup de cœur pour les *maritozzo* de leur pâtisserie, qui sont vraiment à tomber. J'adore également leurs *cabaret di pastarelle*, ces petits plateaux de mini-pâtisseries que l'on retrouve sur les tables des déjeuners dominicaux en Italie.

RISTORANTE EMMA

Pizzeria

Via del Monte della Farina, 28, 00186 | ☏ +39 06 6476 0475 | Tous les jours 12h30-15h30 / 18h30-23h30 | €€ | @emma_pizzeria_restaurant | emmapizzeria.com

63 → VOIR PLAN P. 98

J'aime ce restaurant pour 1000 raisons ! Bien qu'il soit dans un quartier touristique, leurs pizzas sont pour moi une référence ! Elles sont l'incarnation parfaite de la véritable pizza romaine, fine et croustillante. Je connais le propriétaire depuis plus de 20 ans, il est sympathique, généreux et son travail est irréprochable. J'y ai amené tous mes amis grands chefs et ils ont tous, sans exception, adoré !

IL MERCATO DE LA VIA TITO SPERI

Marché

Via Tito Speri, 2, 00195 | Lundi-samedi 7h-14h30 | € à €€ selon les produits

103 → VOIR PLAN P. 164

J'adore y aller pour Vittorio et sa femme, Dina. Ils ont un superbe étal de cueillette sauvage sur lequel on peut trouver des tonnes de merveilles, comme des champignons magnifiques, de la chicorée sauvage, ou encore de superbes artichauts Cimarole. Il a même parfois du *raponzolli*, cette racine sauvage si difficile à trouver.

MEGLIO FRESCO

Poissons et crustacés

Via di Boccea, 350, 00167 | ☏ +39 06 663 5411 | Mardi-samedi 8h-13h45/17h-20h | € à €€ selon les produits | @megliofresco.roma | megliofresco.it

105 → VOIR PLAN P. 164

J'y allais au départ pour ma consommation personnelle mais leurs produits sont d'une telle qualité que je leur ai demandé de fournir les poissons du jour au menu des restaurants de l'Hôtel de Russie et de l'Hôtel de la Ville, dont je signe les cartes. Dans la boutique, vous pouvez acheter des poissons ou crustacés entiers ou préparés, mais également toute une sélection d'entrées ou plats traiteurs. Le gros plus est que vous pouvez aussi manger poissons et crustacés, crus ou cuits, sur place !

RENCONTRE AVEC

ANGELO CIAMPINI

UNE NOUVELLE GÉNÉRATION DE VIRTUOSES DE LA GELATERIA

Ayant le même prénom que son grand-père, le fondateur du plus que célèbre Ciampini Caffè à Rome, il lui était donc quasiment impossible de ne pas suivre ses traces ! Mais c'est vers le sucré qu'il s'est tourné ! Après être passé par tous les postes de l'entreprise familiale au point d'en connaître finalement les moindres recoins, il a créé avec son frère, le « Ciampini Lab » qui développe aujourd'hui toute la sélection de glaces de la maison, vendues dans le café mais aussi dans des hôtels et des grandes enseignes romaines ! Ses glaces sont clairement mes préférées à Rome !

SETTIMIO ALL'ARANCIO

Cuisine romaine

Via dell'Arancio, 50, 00186 | ☏ +39 06 687 6119 | Lundi-samedi 12h30-15h/19h30-23h30 | € à €€€ selon les plats | @settimioallarancio | settimioallarancio.it

24 → VOIR PLAN P. 36

J'aime beaucoup ce restaurant qui propose une cuisine romaine avec une pointe d'originalité, dans une ambiance comme à la maison grâce à un cadre élégant mais pas guindé. Leurs plats de poissons sont vraiment délicieux.

LA MESCITA MONTEVERDE

Enoteca

Via Fratelli Bonnet, 5, 00152 | ☏ +39 33 3301 5847 | Tous les jours 9h-16h/18h-1h | € à €€€ selon les plats | @lamescitamonteverde

106 → VOIR PLAN P. 164

J'aime venir dans cette *enoteca* pour l'*aperitivo* car elle offre une jolie sélection de vins naturels ainsi qu'une carte de tapas de saison, toujours très agréable.

CAMPONESCHI

Cuisine italienne

Piazza Farnese, 50/50a, 00186 | ☏ +39 06 687 4927 | Lundi-samedi 19h-minuit / dimanche 12h30-15h | €€€€ | @ristorante_camponesci | ristorantecamponeschi.it

61 → VOIR PLAN P. 98

J'adore la *vibe* de cet endroit. Ce lieu où tout Rome se retrouve après le travail ou pendant le week-end est parfait pour un délicieux dîner entre amis mais surtout pour faire des rencontres impromptues !

LA GOURMANDISE

Gelateria

Via Felice Cavallotti, 36b, 00152 | ☏ +39 06 9603 9081 | Dimanche, mercredi-jeudi 11h-22h / vendredi-samedi 11h-23h / lundi 12h-22h | € | @gelaterialagourmandise

107 → VOIR PLAN P. 164

J'adore les parfums originaux que propose cette *gelateria*, comme celui à l'eau. de rose et à la framboise. J'aime aussi qu'ils utilisent du lait de chèvre sans lactose pour leurs crèmes glacées.

RENCONTRE AVEC

MARIE-CÉCILE ZINSOU

UNE HISTORIENNE DE L'ART

ANIMÉE D'UNE VÉRITABLE PASSION POUR L'HISTOIRE DE LA GASTRONOMIE

Présidente du conseil d'administration de la Villa Médicis et directrice de la Fondation Zinsou à Ouidah, au Bénin, Marie-Cécile Zinsou est également activement engagée pour la restitution par la France des œuvres d'art africaines pillées pendant la colonisation, afin que l'Afrique puisse légitimement faire rayonner sa culture artistique. Historienne de l'art, elle est également passionnée d'histoire de la gastronomie ! Parce que, selon elle, manger est une façon de se définir. C'est le point commun de toute l'humanité mais c'est aussi ce qui fait la singularité des peuples ; les rites autour du repas étant d'un continent à l'autre finalement différents !

MIKACHAN

Sushis

Via Torcegno, 39, 00124 | ✆ +39 338 173 7246 | Mercredi-samedi 20h-22h / dimanche 13h-14h30 | € à €€€ selon les produits | @mikachan_ristorante_giapponese | mikachan.it

111 → VOIR PLAN P. 164

Bien que ce restaurant ne soit pas dans le centre historique de Rome, il vaut vraiment le détour ! Les sushis y sont meilleurs qu'au Japon, et la cheffe est vraiment passionnante ! Leur sushi à la noix de Saint-Jacques est une véritable expérience à lui seul. Impossible d'y aller sans réservation, et pour avoir une table il faut être vif car de nouvelles dates sont ouvertes chaque mois et elles partent très rapidement.

DALL'UOVO ALLA PASTA

Pâtes fraîches

Via Emanuele Carnevale, 20, 00173 | ✆ +39 388 349 8080 | Mardi-samedi 9h-18h30 / dimanche 9h-13h | €

112 → VOIR PLAN P. 164

J'adore cette petite adresse où les pâtes fraîches sont faites chaque jour par la *mama* ! En cuisine, c'est son fils qui les accommode et c'est un délice. Les farces de leurs raviolis sont exceptionnelles.

T. & C. BURGER LAB

Burgers

Via Urbana, 131, 00184 | ✆ +39 331 310 6167 | Lundi 12h30-15h/19h-22h / jeudi/dimanche 13h-15h/18h30-22h / vendredi-samedi 13h-15h/19h-22h | €

94 → VOIR PLAN P. 150

Le pain de ces burgers est un peu plus sucré que normalement. C'est un parfait lien entre la viande, la sauce et le fromage (italien) !

OSTERIA BONELLI

Cuisine italienne

Viale dell'Acquedotto Alessandrino, 172/174, 00177 | ✆ +39 329 863 3077 | Lundi-samedi 12h30-16h/19h30-minuit / dimanche 12h30-16h | €€

110 → VOIR PLAN P. 164

Ce restaurant incarne une relève culinaire vraiment passionnante. Il est tenu par des jeunes qui reviennent au cœur même de leur identité culinaire et qui reflètent le vrai visage de Rome. Ils prouvent qu'il n'y a pas que dans les beaux quartiers que l'on fait les choses bien.

ROCCO

Cuisine italienne

Via Giovanni Lanza, 93, 00184 Roma | ✆ +39 06 487 0942 | Lundi-vendredi 12h50-14h30/19h50-22h / samedi 12h50-14h30 | €€ à €€€ selon les plats

95 → VOIR PLAN P. 150

J'aime beaucoup ce restaurant familial, où la sœur est en cuisine et le frère en salle, proposant une cuisine de marché typiquement romaine et de saison. À ne pas louper : les pâtes *alla rocco* !

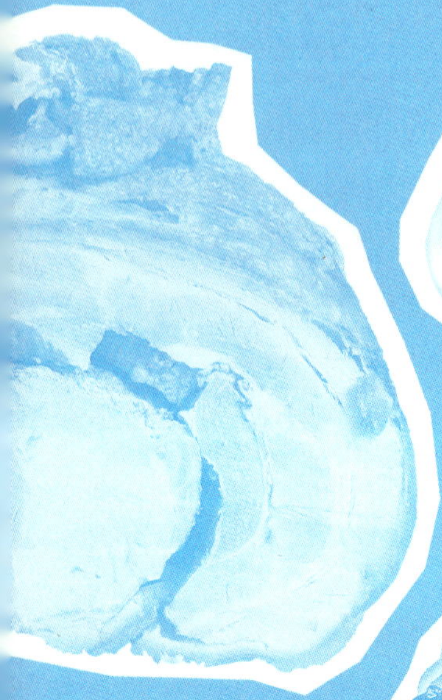

PATATE PARMIGIANO
PECORINO MENTA

Regoli
€29,50

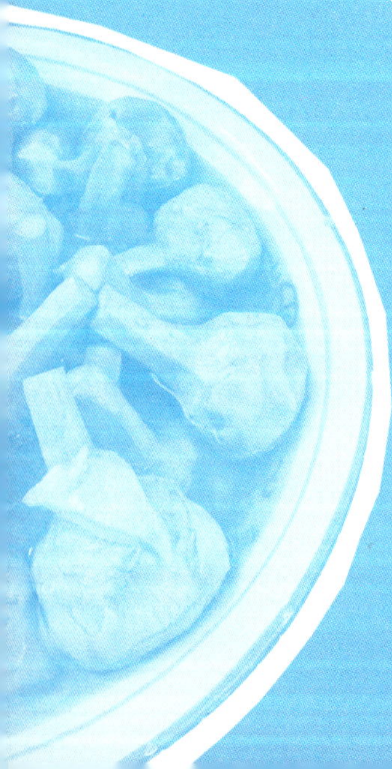

La crème de la crème
POUR BIEN MANGER

NOUS AVONS SÉLECTIONNÉ POUR VOUS LA CRÈME DE LA CRÈME DES ADRESSES « FOOD ». RESTAURANTS ICONIQUES, PÂTISSERIES INCONTOURNABLES, MARCHÉS OU COMMERCES DE BOUCHE EMBLÉMATIQUES, ET BIEN PLUS ENCORE ! DANS CHAQUE ADRESSE, VOUS DÉCOUVRIREZ DES HISTOIRES UNIQUES ET VIVREZ UNE EXPÉRIENCE GUSTATIVE INOUBLIABLE.

Piazza di Spagna / piazza del Popolo

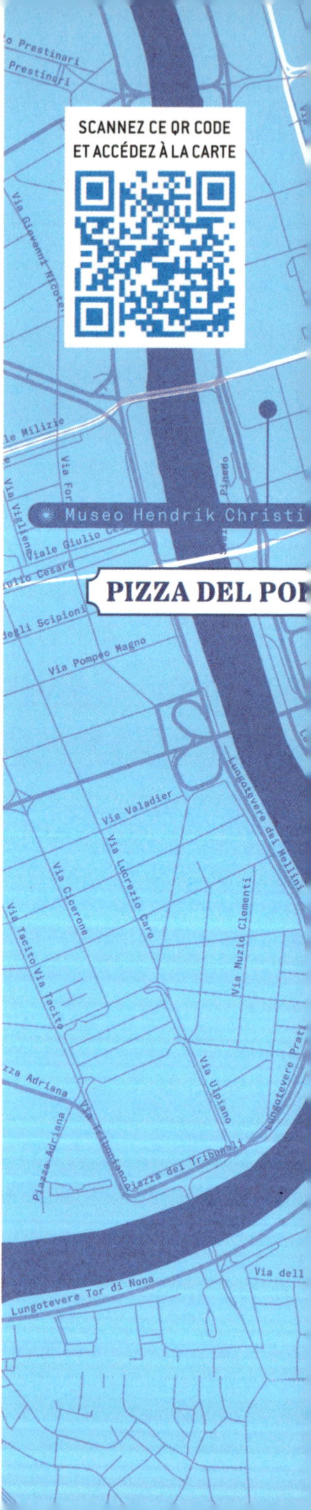

Villa Borghese
Castel Sant'Angelo
Villa Médicis
Panthéon
Campo de' Fiori
Colosseo
Terrazza del Pincio
Terrazza Viale del Belvedere
Villa Médicis
Piazza di Spagna
Museo dell'Ara Pacis
PIAZZA DI SPAGNA
Via del Corso
0
250
500 m

Le Jardin de Russie

ADRESSE
Hôtel de Russie
Via del Babuino, 9, 00187

TÉLÉPHONE
+39 06 6992 3705

HORAIRES
Tous les jours 12h30-15h/19h30- 22h30

PRIX
€€€€

Il n'y a pas plus précise compréhension de la cuisine italienne qu'un repas au Jardin de Russie ! Parce que vous y dégusterez la cuisine d'un des plus grands chefs italiens, Fulvio Pierangelini. Chaque bouchée sera véritablement une plongée dans la justesse absolue de ce qu'est la cuisine transalpine et construira avec passion votre référentiel de goût en la matière !

Chaque assiette est un condensé de saveurs traditionnelles auxquelles le chef a apporté sa vision si singulière. Si j'ai un bon conseil à vous donner, ne faites surtout pas l'impasse sur *la pasta* car celles du chef Pierangelini devraient être inscrites au patrimoine immatériel de l'Unesco ! Leur cuisson *al dente* est juste exceptionnelle et leurs assaisonnements fabuleux.

On adore

Le cadre d'un raffinement renversant ! L'été, dîner dans le jardin est un moment inoubliable et l'hiver, la salle intérieure est absolument sublime de pureté.

À 1 mn à pied de la piazza del Popolo et à 12 mn à pied de la Villa Médicis

→ roccofortehotels.com

2 LA CRÈME DE LA CRÈME **DE LA TERRASSE EMBLÉMATIQUE**

Ciampini Caffè

À 6 mn à pied de la piazza di Spagna

ADRESSE
Piazza di S. Lorenzo in Lucina, 29, 00186

TÉLÉPHONE
+39 06 687 6606

HORAIRES
Lundi-samedi 8h30-22h
Dimanche 9h-22h

PRIX
€ à €€

Reconnu « meilleur café de Rome » en 2000 par la revue *Time International,* le café Ciampini est une véritable institution ! Et pour ne rien gâcher, il possède une des terrasses les plus agréables du cœur de Rome (avec chauffages en hiver). Cela en fait un des lieux les plus plaisants pour déguster un *aperitivo* ou pour se régaler de leurs spaghettis alla carbonara qui, en une seule bouchée, vous donneront une leçon de cuisine italienne ! La sauce, comme un sabayon, est absolument incroyable ; le guanciale est viril et sauvage et le mix pecorino et poivre donne le taquet final qui vous achèvera !

Mais, s'il y a une autre chose à ne pas louper chez Ciampini, ce sont leurs glaces ! Produites dans un atelier à seulement quelques mètres du café, elles sont réalisées à partir d'une recette ancestrale qui se transmet de génération en génération depuis plus de 50 ans !

On adore

Leurs granités aux 1001 parfums : pêche, mûre ou café, difficile de choisir.

→ INSTAGRAM : **@ciampini_roma**
→ **ciampini.com**

Ciampini
Ciampini

Gramigna Resistenza Culinaria

À 6 mn à pied de la piazza del Popolo

ADRESSE
Via Flaminia, 60, 00196

TÉLÉPHONE
+39 393 969 3795

HORAIRES
Lundi-mardi 12h-15h
Mercredi-vendredi
12h-15h / 19h30-22h30

PRIX
€

Situé dans le petit mercato rionale Flaminio Primo, ce stand-restaurant est un véritable hymne à la fraîcheur ! En effet, le chef y travaille les légumes, fruits et herbes qu'il déniche dans le marché. On est immédiatement happés par l'ambiance vivante et authentique du lieu, et bluffés de voir que les produits locaux prennent vie dans des plats de pâtes si engageants.

Les recettes, à la fois simples et gourmandes, mettent en valeur les saveurs naturelles des produits, des tomates juteuses aux herbes parfumées en passant par des viandes et poissons locaux. Chaque plat raconte une histoire de saisonnalité et de respect du produit, offrant une expérience culinaire qui célèbre l'essence même du marché.
Ne ratez pas leurs spaghettis alla carbonara au guanciale croustillant et savoureux !

On adore

Les chauffages installés l'hiver (le restaurant étant uniquement en extérieur).

→ INSTAGRAM : **@gramigna_resistenzaculinaria**

Antica Macelleria Annibale

À 4 mn à pied de la piazza del Popolo et à 12 mn à pied de la Terrazza Viale del Belvedere

ADRESSE
Via di Ripetta, 236, 00186

TÉLÉPHONE
+39 06 361 2269

HORAIRES
Lundi-samedi 7h-13h30

PRIX
€ à €€€

Lorsque l'on aperçoit, depuis la rue, la vitrine réfrigérée remplie de sublimes steaks florentins, on se doute que le moment passé dans cette boutique va être un délice ! On n'imagine simplement pas à quel point ! À l'intérieur, on découvre, exposés tels des œuvres d'art, des boulettes et pains de viande typiquement italiens, des saucisses artisanales, de l'agneau de la région de Rome, du mouton des Abruzzes et d'autres spécialités savoureuses.

Coté déco, quasiment rien n'a bougé depuis l'ouverture de la boutique, en 1888 : vous serez toujours accueilli par les superbes crochets en forme de têtes de bœuf à l'entrée, et hypnotisé par la beauté du marbre de Carrare qui recouvre le comptoir. Dans cette boucherie, où tout respire le savoir-faire ancestral, on aime ressentir une partie de la culture culinaire romaine, la plus authentique !

On adore

Annibale Mastroddi, le propriétaire qui trône derrière la caisse. Il incarne la quatrième génération à la tête de cette boucherie historique mais il est surtout l'image parfaite de la bonhomie joyeuse !

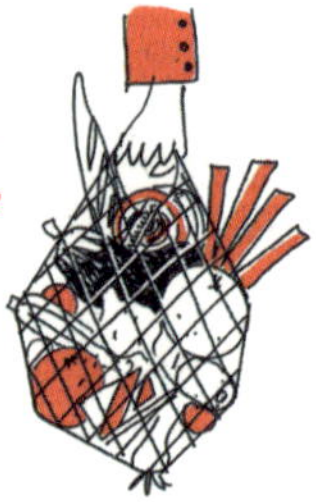

→ annibale.com

ANNIBALE
2024
Quinto Quarto

COSTATA
BOV. AD.
€ 26,00 Kg
FIORENTINA
€. 38,00 Kg

Ristorante Nino

À 7 mn à pied de la Villa Médicis et à 2 mn à pied de la piazza di Spagna

ADRESSE
Via Borgognona, 11, 00187

TÉLÉPHONE
+39 06 678 6752

HORAIRES
Lundi-samedi 12h30-15h / 19h30-23h

PRIX
€€€

Si vous voulez regarder par le trou de la serrure du bottin mondain romain, allez faire un tour au Ristorante Nino. Aucun touriste à l'horizon, mais des locaux si élégants que l'on comprend en un clin d'œil qu'ils sont pour la plupart notables de la ville (avocats, médecins ou personnalités du monde de la mode). Les serveurs ne manqueront pas de vous raconter que Carlo Ponti, Sophia Loren, Audrey Hepburn, ou encore Marcello Mastroianni venaient souvent manger ici !

On pourrait penser que la décoration n'a pas bougé depuis 1939, date de l'ouverture du restaurant par Gioacchino Guarnacci (Nino) et son frère, Mario, mais c'est aussi ce charme un peu suranné que l'on adore ! La carte quant à elle propose une cuisine de saison, comme des poêlées de cèpes, de superbes salades de tomates, des viandes et poissons grillés… Une cuisine toscane du quotidien, exécutée dans les règles de l'art !

On adore

Cette ambiance infiniment romaine qui donne le sentiment d'appartenir à cette vie semblable à une scène de Boccaccio '70, le célèbre film du réalisateur italien Luchino Visconti !

→ INSTAGRAM : **@ristorante_nino_1934_roma**
→ **ristorantenino.it**

6 LA CRÈME DE LA CRÈME **DE LA TERRASSE EN PLEIN CENTRE-VILLE**

Il Caffè @ Bvlgari Hotel

À 8 mn à pied de la piazza di Spagna et à 1 mn à pied de via del Corso

ADRESSE
Piazza Augusto Imperatore, 10, 00186

TÉLÉPHONE
+39 06 3608 0409

HORAIRES
Tous les jours 7h-23h

PRIX
€€€

BÉATITUDE ! C'est le premier mot qui vient à l'esprit pour évoquer la terrasse d'Il Caffè de l'hôtel Bvlgari ! Hyper centrale, mais aussi très calme, celle-ci semble très loin du tumulte de la ville alors qu'elle n'en est qu'à quelques mètres ! Cette terrasse donne également le sentiment de se prolonger, même si vous êtes assis à l'intérieur, grâce à un jeu de miroirs qui reflètent les imposantes colonnes de marbre travertin du portique et les vestiges du mausolée de l'empereur Auguste, juste en face.

Du petit-déjeuner au dîner, la carte du café, élaborée par le chef Niko Romito, vous régalera avec des créations comme les fameux sandwichs Bomba, mais aussi des plats emblématiques de la cuisine romaine comme les pâtes all'amatriciana ou les saltimboccas de veau à la romaine, tous faits à partir d'ingrédients de qualité, provenant des meilleurs fournisseurs de la région.

On adore

Leur tiramisu, à peine sucré, est juste délicieux !

→ bulgarihotels.com

BVLGARI
IL CAFFÈ

Cielo

À 4 mn à pied de la piazza di Spagna et à 10 mn à pied du castel Sant'Angelo

ADRESSE
Rooftop de l'Hôtel de la Ville, Via Sistina, 69, 00187

TÉLÉPHONE
+39 06 9779 3716

HORAIRES
Tous les jours
12h-minuit / fermé l'hiver ou par mauvais temps

PRIX
€€€

« Absolument sublimissime » est l'expression qui définirait le mieux la vue qu'offre le restaurant Cielo ! En un seul regard, vous ferez face à ce que Rome offre de plus majestueux ! Le monumento a Vittorio Emanuele II, le dôme de la cathédrale Saint-Pierre ou du Panthéon, une partie du Colisée, vos yeux ne sauront plus où se poser ! Montez quelques marches pour accéder à une partie plus à l'écart de la terrasse, avec vue sur les jardins de la Villa Médicis.

Mais le panorama n'est pas la seule chose d'exceptionnelle sur cette terrasse puisque dans les assiettes vous pourrez déguster les plats du maître absolu de la cuisine italienne, Fulvio Pierangelini, qui propose une carte tout en finesse et légèreté.

On adore

TOUS les plats de la carte ! Avec un très gros coup de cœur pour le si délicat vitello tonnato et les pâtes alla carbonara, véritable référence en la matière !

→ INSTAGRAM : **@cielo_rooftopbar**
→ **roccofortehotels.com**

Marzapane

ADRESSE
Via Flaminia, 64, 00196

TÉLÉPHONE
+39 06 6478 1692

HORAIRES
Tous les jours
8h30-16h

PRIX
€

À 6 mn à pied de la piazza del Popolo et à 4 mn à pied du musée Hendrik Christian Andersen

Transformer un des restaurants gastronomiques les plus en vue de la ville en un café-boulangerie à tomber par terre, voilà le tour de force qu'a réussi Mario Sansone, propriétaire de Marzapane. C'est grâce à la cheffe pâtissière Dalia Salonia que celui-ci sert tous les jours des viennoiseries et *maritozzo* de compétition pouvant accompagner des espressos, cappuccinos et autres boissons chaudes à base de café de spécialité.

À l'étage, une salle avec, à la carte, des classiques du petit-déjeuner permettant de bruncher tous les jours de la semaine : yaourt au granola maison, œufs, toasts mais aussi des spécialités salées plus élaborées, comme le *pappa al pomodoro,* pesto et stracciatella, un grand classique de la *cucina povera,* ou un superbe toast à la citrouille et au fromage de chèvre.

On adore

Les croissants salés totalement renversants dont la recette change tous les jours. Ils sont farcis à la dernière minute d'ingrédients de grande qualité comme un prosciutto incroyable, des tomates en pleine maturité ou encore une mozzarella de bufflone DOP.

→ INSTAGRAM : **@marzapaneroma**
→ **marzapaneroma.com**

MARZAPANE
CAFÉ & BAKERY

Rosati

ADRESSE
Piazza del Popolo, 5A,
00187

TÉLÉPHONE
+39 06 322 5859

HORAIRES
Tous les jours 7h30-23h30

PRIX
€

Le Café Rosati s'impose comme un témoin silencieux de la vie romaine. Ici, dès le matin, le comptoir s'anime, occupé par des habitués qui viennent prendre leur café comme un rituel immuable. On imagine que les serveurs connaissent les habitudes de chacun – un espresso court pour l'un, un cappuccino mousseux pour l'autre – tant leur ballet est parfaitement orchestré !

On y croise aussi des touristes évidemment, mais ce sont les Romains qui donnent son âme à cet endroit. Debout au comptoir, entre une bouchée de cornetto et une gorgée de café, ou attablé dans la partie restaurant le midi devant un incontournable de la cuisine italienne – spaghetti alla carbonara, saltimbocca de veau à la romaine... –, c'est tout un mode de vie qui s'exprime : une simplicité élégante, celle de profiter du moment présent.

À 8 mn à pied du musée de l'Ara Pacis

On adore

Leur tramezzini (sandwichs de pain de mie) classique ou multicolore absolument fabuleux !

→ **barrosati.it**

ROSATI

10 LA CRÈME DE LA CRÈME **DE LA SALADE DE PUNTARELLE**

Hostaria Da Pietro

ADRESSE
Via di Gesù e Maria, 18, 00187

TÉLÉPHONE
+39 06 320 8816

HORAIRES
Lundi-samedi 12h30-15h / 19h30 - 23h

PRIX
€€ à €€€

Authenticité, voilà le mot qui qualifierait le mieux ce restaurant ! Tout en simplicité et finesse, la carte propose des incontournables de la ville comme les spaghettis alla carbonara, les saltimboccas, le *baccalà alla romana* ou les *carciofi alla giudia,* quand c'est la saison.

Cette *hostaria* est un lieu où le temps semble suspendu, où l'on se régale non seulement des plats mais aussi de l'hospitalité chaleureuse de l'équipe. Ici, chaque repas est une célébration de la cuisine romaine dans son expression la plus authentique et conviviale.

On adore

Leur version de la pasta alla gricia – sorte de carbonara sans œuf – et leur salade de puntarelle assaisonnée d'une vinaigrette aux anchois lorsque c'est la saison ! Cette dernière est un hommage parfaitement maitrisé à l'amertume.

À 5 mn à pied de la piazza del Popolo et à 11 mn à pied de la Terrazza Viale del Belvedere

→ hostariadapietro.it

11 LA CRÈME DE LA CRÈME **DES VRAIS USTENSILES ITALIENS POUR FAIRE LA PASTA**

C.U.C.I.N.A.

ADRESSE
Via Mario de' Fiori, 65, 00187

TÉLÉPHONE
+39 06 8879 7774

HORAIRES
Mardi-samedi 10h-19h30
Dimanche-lundi 11h30-19h30

PRIX
€ à €€€

À quelques centaines de mètres de la touristique piazza di Spagna se cache une drôle de petite boutique, véritable caverne d'Ali Baba ! Vous y trouverez une multitude d'ustensiles de cuisine indispensables pour confectionner toutes sortes de préparations culinaires : des cuves pour stériliser les bocaux, une jolie sélection de couteaux, des rouleaux à pâtisserie et des mortiers par dizaines...

Mais ce que l'on aime le plus c'est leur rayon d'ustensiles typiquement italiens pour réaliser la véritable pasta ! Laminoirs haut de gamme, empreintes à raviolis et autres roulettes pour découper la pâte... Vous aurez bien du mal à choisir ! À moins que vous ne craquiez pour un de leurs fours à pizza de jardin, qui ne manquera pas de faire de vous un véritable maestro des fourneaux !

À 2 mn à pied de la piazza di Spagna

On adore

La sélection de cafetières italiennes absolument sublimes !

→ INSTAGRAM : **@cucinastore**

Tacapasta
Pastabike
Pastabike
Atlas 150
Atlas 150
Atlas 150
Accessori
Decora

Castroni

ADRESSE
Via Flaminia, 28/30, 32, 00196 (voir leurs autres adresses sur leur site internet)

TÉLÉPHONE
+39 06 361 1029

HORAIRES
Lundi-samedi 9h30-18h30
Dimanche 11h-14h/15h30-18h30

PRIX
€ à €€€

Les magasins Castroni sont de véritables institutions. Dès l'entrée, une odeur de café fraîchement moulu enveloppe les sens, évoquant instantanément une Italie d'autrefois. C'est cette atmosphère un peu old school – celle des épiceries d'antan – que l'on adore ici. Mais c'est surtout la diversité des produits qui fascine : pastas artisanales, huiles d'olive rares, épices exotiques, pâtes à tartiner artisanales incroyables, et même des confiseries d'antan, soigneusement alignées dans de vieux bocaux. Ici, on trouve de tout !

On y flâne un peu comme dans un musée, pour être honnête. Castroni, c'est un voyage dans le temps, où l'on savoure l'Italie d'hier tout en explorant les saveurs du monde, dans un cadre empreint d'une douce nostalgie.

On adore

Leur sélection de bonbons à la réglisse qui rappelle vraiment l'enfance !

À 3 mn à pied de la piazza del Popolo et à 6 mn à pied de la Terrazza del Pincio

→ castroniaviaflaminia.it

C'era una Volta...

Belline
Belgian Chocolate
€3.00
Lecca Lecca
€1,20
Cuneesi
al Rum
100g € 3,80
250g € 8,50
Caffarel
Gianduiotti
classici
100g € 4,50
250g € 10,00
Lindt
cioccolatini
al latte
100g € 4,50
250g € 10,00

Hostaria del Mercato

ADRESSE
Via Bocca di Leone, 46,
00187

TÉLÉPHONE
+39 06 6992 3705

HORAIRES
Tous les jours
9h-23h

PRIX
€€

À 4 mn à pied de la piazza di Spagna

Voici l'endroit parfait pour une pause à n'importe quel moment de la journée ! Ce lieu qui associe restaurant, salon de thé, bar à jus de fruits frais et épicerie bio offre une véritable bulle d'oxygène dans le tumulte de la vie romaine. En effet, le quartier regorge d'adresses à touristes mais ici aucun doute à avoir sur la fraîcheur et l'origine des produits puisqu'ils sont tous bios et viennent de petits producteurs locaux.

Vous vous régalerez donc de plats simples aux produits des plus savoureux comme la divine stracciatella de Putignano accompagnée de fleurs de courgettes fraîches et d'anchois. Une fois votre repas terminé, vous pourrez faire vos emplettes dans le petit supermarché bio attenant. On y trouve des produits issus de l'agriculture locale et de véritables pépites comme une sélection d'huiles d'olive, parmi les meilleures d'Italie.

On adore

Les spaghettis de farine de blé dur à la truffe et ricotta di bufala fraîche.

→ INSTAGRAM : **@hosteriadelmercato**
→ **hosteriadelmercato.it**

Hostería

1870
Hostería
del Mercato
PREMIUM QUALITY
POMODORI
PIENNOLO DEL VESUVIO
Gusto Unico
Intense and Unique Taste Piennolo Tomato
Piennolo Tomate Goût Intense et Unique
Intensivem Geschmack Piennolo Tomate

Trattoria Otello alla Concordia

À 3 mn à pied de la piazza di Spagna

ADRESSE
Via Mario de' Fiori, 40/A, 00187

TÉLÉPHONE
+39 06 679 1178

HORAIRES
Tous les jours 12h30-15h / 19h30-23h

PRIX
€€

En se baladant dans le quartier de la piazza di Spagna, difficile d'imaginer qu'une pépite de l'histoire culinaire romaine se cache non loin. Poussez la porte de ce restaurant et c'est une scène de *La Dolce vita* qui s'offrira à vous ! Cette ancienne *locanda* datant du XVIIe siècle et reprise en 1948 par la famille Caporicci, fut le restaurant des vedettes du cinéma italien durant l'âge d'or des studios Cinecitta, dans les années 50.

Chez Otello alla Concordia, le temps s'arrête. Dans l'assiette, chaque plat sent bon la cuisine familiale, comme le fameux *saltimbocca alla romana.* Ne manquez pas de goûter à leur spécialité : les spaghettis *all'Othello.*

On adore

Les lasagnes, qui sont à tomber par terre !

→ INSTAGRAM : **@otelloallaconcordia**
→ **otelloallaconcordia.it**

Enoteca Buccone

À 1 mn à pied de la piazza del Popolo et à 6 mn à pied du musée de l'Ara Pacis

ADRESSE
Via di Ripetta, 19/20, 00186

TÉLÉPHONE
+39 06 361 2154

HORAIRES
Lundi-samedi 10h-22h
Dimanche 11h-22h

PRIX
€ à €€€

Ce lieu respire l'histoire avec ses étagères en bois brun qui pourraient légitimement plier sous le poids des centaines de bouteilles proposées à la clientèle. Ici, les vins s'alignent comme des trésors soigneusement conservés, et chaque étiquette raconte un voyage, une terre, un terroir. La maison propose principalement des vins italiens mais on peut y trouver quelques bouteilles françaises ou venant d'autres pays du monde.

Au moment de l'*aperitivo,* autour de quelques assiettes, l'ambiance se fait plus chaleureuse tout en restant feutrée et calme, finalement assez intimiste. Ici, on ne se contente pas de déguster du vin, on prend le temps de découvrir, d'apprendre et d'échanger avec ceux qui, depuis toujours, ont le vin dans la peau.

On adore

L'Enoteca Buccone est plus qu'un simple lieu de dégustation, c'est une expérience qui vous transporte, un moment suspendu dans le temps.

→ enotecabuccone.com

BUCCONE
VINI
OLII
19
20

ON AIME AUSSI BEAUCOUP

PIAZZA DI SPAGNA

16

CANOVA TADOLINI

CAFÉ-RESTAURANT

Via del Babuino, 150/a, 00187 | +39 06 3211 0702 | Lundi-samedi 8h-23h / dimanche 10h-23h | €

→ **canovatadolini.com**

Boire un verre ou manger un morceau entre sculptures et histoires, dans l'ancien atelier du célèbre artiste Antonio Canova et de son élève Adamo Tadolini ? C'est ce que propose ce lieu absolument inédit, à la fois café et musée.

17

VENCHI

GLACIER

Via della Croce, 25/26, 00187 | +39 06 6979 7790 | Lundi-jeudi 9h30-23h30 / vendredi-dimanche 9h30-minuit | €

→ **it.venchi.com**

Bien que Venchi soit une chaîne de chocolaterie et glacerie connue à travers le monde, leurs produits restent vraiment super gourmands et sacrément savoureux ! Gros coup de cœur pour les cornets de glaces customisables, nappés de chocolat !

18

ANTICO CAFFÈ GRECO

CAFÉ

Via dei Condotti, 86, 00187 | +39 06 679 1700 | Tous les jours 9h-20h30 | €

→ **anticocaffegreco.eu**

Ouvert par le grec Nicola della Maddalena autour de 1760, ce café est l'un des plus anciens de Rome. D'Orson Wells à Stendhal, en passant par Goethe, de nombreuses têtes pensantes s'y sont accoudées, comme vous le ferez, pour y prendre un café !

19

GELATERIA FATAMORGANA

GLACIER

Via della Croce, 46, 00187 | Lundi-jeudi 11h-23h / vendredi-dimanche 11h-minuit | €

→ **gelateriafatamorgana.com**

Pecorino, câpres au sel, betterave ou cognac sont autant de parfums originaux de glaces que vous pourrez trouver en plus des saveurs plus traditionnelles chez Gelateria Fatamorgana.

PIAZZA DEL POPOLO

20

HOSTARIA ROMANA

OSTERIA TRADITIONNELLE

Via del Boccaccio, 1, 00187 | +39 06 474 5284 | Lundi 19h30-23h / mardi-samedi 12h30-15h/19h15-23h | €

→ **hostariaromana.it**

Depuis plus de 70 ans, cette *osteria* régale les palets avec une cuisine romaine dans la plus pure tradition. Un conseil, lorsque c'est la saison, ne manquez pas leurs artichauts à la juive absolument fous !

21

ALL'ARANCIO D'ORO

CUISINE ROMAINE ET ITALIENNE

Via di Monte d'Oro, 17, 00186 | +39 06 686 5026 | Mardi-dimanche 12h30-15h/19h-23h | €€ à €€€

→ **@allaranciodacialfi**
→ **allaranciodoro.it**

Voilà un restaurant qui raconte l'histoire d'une famille passionnée – les Cialfi –, le travail acharné, les évolutions et l'attention portée à la recherche des techniques et des saveurs de génération en génération.

22

ALL'ANTICO VINAIO

STREET FOOD

Via del Corso, 510, 00186 | +39 06 3640 2878 | Tous les jours 10h-22h | €

→ **allanticovinaio.com**

Parfois victime de son succès sur les réseaux sociaux et prompte à des queues impressionnantes, cette sandwicherie proposant des *schiacciatas* (foccacias toscanes) très généreusement garnies reste vraiment un incontournable ! Petit conseil, allez-y avant midi pour éviter le monde !

MES ADRESSES

Pantheon / piazza Navona

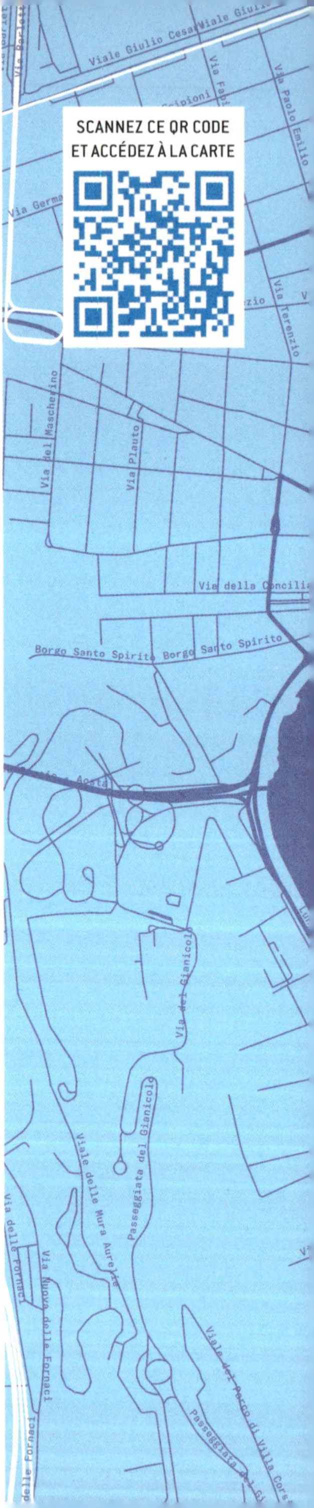

0
250
500 m
PIAZZA NAVONA
PANTHEON
Castel Sant'Angelo
Piazza Navona
Chiesa Nuova di Santa Maria in Vallicella
Pantheon
Palazzo Braschi
Campo de' Fiori
41
39
31
38
25
40
36
30
35
29
27
42
34
33
43
28
32
26
37
Villa Borghese
Castel Sant'Angelo
Villa Médicis
Pantheon
Campo de' Fiori
Colosseo
Via Valadier
Via Plinio
Via Boezio
Via Cicerone
Via Muzio Clementi
Lungotevere dei Mellini
Lungotevere In Augusta
Via di Ripetta
Via del Babuino
Via dei Greci
Via Vittoria
Via Belsiana
Via dei Condotti
Piazza Adriana
Via Ulpiano
Via Borghese
Lungotevere Tor di Nona
Via dell'Orso
Via di Monserrato
Lungotevere dei Tebaldi
Lungotevere della Farnesina
Via Giulia
Via della Lungara
Via Garibaldi
Lungotevere dei Vallati

Angelo Feroci

À 2 mn à pied du Panthéon

ADRESSE
Via della Maddalena, 15, 00186

TÉLÉPHONE
+39 06 6880 1016

HORAIRES
Lundi-mercredi et vendredi
6h30-13h30/16h30-19h30
Jeudi et samedi 6h30-13h30

PRIX
€ à €€€

N'arrivez jamais ici le ventre vide car il est certain que leurs sublimes vitrines remplies à ras bord vous feront craquer ! Cette boutique au style traditionnel, ornée de marbre de Carrare, propose un large choix de viandes mais aussi et surtout de spécialités bouchères comme les émincés de bœuf ou de veau assaisonnés de mille et une façons, les escalopes milanaises ou les légumes farcis. Également en vitrine, des salades, de la charcuterie et autres mets de traiteur typiquement italiens.

L'adresse idéale pour faire le plein avant un pique-nique improvisé sur la place du Panthéon, située non loin de là ; ou si vous avez loué un appartement et que vous n'avez pas spécialement envie d'aller manger au restaurant !

On adore

L'émincé de bœuf à l'artichaut, à manger cru ou cuit. Absolument addictif !

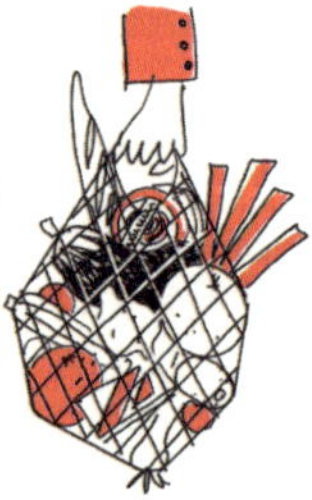

→ **angeloferocishop.it**

15
angelo feroci
angelo
feroci

€ 19,70
Angelo Feroci
SPIEDINI CLASSICI
€ 18,00

Angelo Feroci
STRACCETTI DI MANZO
€ 38,00
Pronti da cuocere
Prezzo al Kg.

Supplizio

ADRESSE
Via dei Banchi Vecchi, 143, 00186

TÉLÉPHONE
+39 06 8987 1920

HORAIRES
Lundi-samedi 12h-15h30 / 17h-21h30

PRIX
€

Comme son nom l'indique, ce restaurant rend hommage aux *supplì,* ces petites boulettes de riz frites principalement farcies de fromage (et parfois garnies d'autres ingrédients). Et quand un chef comme Arcangelo Dandini s'attaque à un classique de la cuisine de rue, le résultat est incroyable !

Le lieu reflète à merveille son envie de revenir à la tradition, aux valeurs simples, un peu rustiques mais justes et vraies. La carte propose des classiques revisités comme le *supplì cacio e pepe* (pecorino et poivre noir) ou le *supplì burro e acciughe* (beurre, mozzarella et anchois), mais aussi d'autres spécialités comme la mozzarella di bufala *in carrozza* (frite) accompagnée de sauce à la tomate verte, ou encore les boulettes d'aubergines à la ricotta terriblement succulentes. Et le tout à des prix qui en font un des meilleurs rapports qualité/prix de Rome.

À 8 mn à pied de la piazza Navona

On adore

Le supplì classique dont la sauce tomate assaisonnée de fenouil fait absolument toute la différence !

→ INSTAGRAM : **@supplizioroma**
→ **supplizioroma.it**

Ruma

À 2 mn à pied de la piazza Navona et à 10 mn à pied du castel Sant'Angelo

ADRESSE
Via di Parione, 13, 00186

TÉLÉPHONE
+39 06 8947 1435

HORAIRES
Mardi-dimanche 11h-23h

PRIX
€€

Quelle pépite que le restaurant de celle qui se définit comme une « activiste de la mozzarella » ! Matidia Pallini, co-propriétaire de l'élevage de buffles et de la laiterie artisanale La Maremmana en Toscane – du nom du territoire au bord de la mer tyrrhénienne – propose une boutique mais surtout un restaurant dont les plats sont élaborés exclusivement avec des matières premières agricoles.

La plupart de ces ingrédients viennent de leur exploitation, comme les fromages de leur propre production à base de lait de bufflonne de leur troupeau, la viande venant de leurs pâturages ou les légumes de leur jardin. Un véritable retour à la terre en plein cœur de Rome !

On adore

La boutique où l'on peut acheter des fromages de sa production mais aussi des glaces absolument fabuleuses faites à base de son lait !

→ INSTAGRAM : **@ruma_bottegaecucina**
→ **rumabottegaecucina.com**

ROBIOLA
ROBIOLA

28 LA CRÈME DE LA CRÈME **DU CHOCOLATIER HISTORIQUE**

Moriondo & Gariglio

À 4 mn à pied du Panthéon

ADRESSE
Via del Piè di Marmo, 21/22, 00186

TÉLÉPHONE
+39 06 699 0856

HORAIRES
Lundi-samedi 9h -19h30
Dimanche 12h-19h30

PRIX
€ à €€€

Bienvenue dans la plus ancienne chocolaterie de Rome ! En effet, les cousins Agostino Moriondo et Francesco Gariglio, anciens serviteurs de la Maison royale de Savoie, fondèrent en 1868 à Turin, une des premières chocolateries. C'est au moment de l'unification de la Savoie avec l'Italie, qu'ils ouvrirent leur boutique romaine au début du XXe siècle.

Cette dernière fait perdurer la tradition en transformant le chocolat selon une technique inchangée depuis le XIXe siècle, transmise de génération en génération et réputée sans conservateur ni sucre de synthèse. Tout est fait de façon artisanale, voilà pourquoi il n'est d'ailleurs pas rare de voir les vendeuses emballer devant les clients l'une des 80 références de bonbons de chocolat et de pralines du catalogue.

On adore

La petite mais divine sélection de pâtisseries maison ! Selon les saisons, vous pourrez déguster l'un des meilleurs mont-blanc de votre vie ou leur inoubliable sachertorte.

→ moriondoegariglio.com

€ 7,50
l'uno
ti voglio bene

Enoteca Il Goccetto

ADRESSE
Via dei Banchi Vecchi, 14, 00186

TÉLÉPHONE
+39 06 9944 8583

HORAIRES
Lundi 17h-minuit
Mardi-samedi 12h-minuit

PRIX
€€

Lorsque l'on est amateur de vins, voilà un lieu qui vous donnera assurément le sourire puisque vous trouverez ici une très large sélection de vins italiens mais aussi quelques vins français et européens. Vous pourrez les déguster au verre ou à la bouteille et vous trouverez des merveilles pour toutes les bourses. Les serveurs sont à votre écoute, prêts à trouver LE vin pour vous satisfaire !

L'ambiance très italienne, tellement conviviale en fin de journée au moment de *l'aperitivo,* est fantastique. Un autre point super positif du lieu : sa carte à manger ! Tout est fait maison, les tourtes au poulpe ou les artichauts à l'huile donnent l'impression d'être tout droit sortis de la cuisine de la *nonna* (la grand-mère) !

On adore

Leur vitello tonnato qui a un véritable goût piémontais !

À 7 mn à pied du Campo de' Fiori et à 8 mn à pied de la piazza Navona

→ INSTAGRAM : **@thereal_ilgoccetto**

Jerry Thomas

ADRESSE
Vicolo Cellini, 30, 00186

TÉLÉPHONE
+39 06 4620 2900

HORAIRES
Mardi-samedi 21h-4h30
Dimanche 21h-3h30

PRIX
€€

Lorsque vous êtes devant cette porte sombre de la Vicolo Cellini, sur laquelle figure simplement une plaque en laiton où est inscrit « Jerry Thomas » ainsi qu'un hibou sculpté, rien ne laisse imaginer que derrière se cache LE bar à cocktail le plus fou de Rome ! Dès la réservation (indispensable et uniquement par téléphone), vous comprendrez qu'aller boire un verre chez Jerry Thomas n'a rien d'anodin ! Trouvez ensuite le mot de passe sur le site internet (tout vous sera expliqué au téléphone, ne vous inquiétez pas !) et vous pourrez enfin accéder au Saint Graal, c'est-à-dire des cocktails qui en valent la chandelle, à l'équilibre absolument parfait !

La décoration du lieu, inspiré de l'Orient Express, se marie à une atmosphère qui rappelle les grands bars européens des années 50-70. Vous seront servis des cocktails incroyables au verre, mais aussi en bouteille, des champagnes ou des spiritueux haut de gamme.

On adore

Le service vraiment agréable, attentionné et amical.

À 7 mn à pied de la piazza Navona et de Campo de' Fiori

→ INSTAGRAM : **@jerrythomas.speakeasy**
→ **thejerrythomasproject.it**

Gelateria del Teatro

ADRESSE
Via dei Coronari, 65/66, 00186

TÉLÉPHONE
+39 06 9944 8583

HORAIRES
Tous les jours 10h30-23h

PRIX
€

La première chose qui saute aux yeux quand on rentre dans cette boutique d'un blanc immaculé, c'est l'immense vitrine de glaces dans laquelle crèmes glacées, sorbets et granités sont rangés dans un ordre parfait. Croyez-en mon expérience, les glaces de la Gelateria del Teatro sont vraiment un délice !

Confectionnées sur place de manière artisanale, et bien entendu à partir de produits locaux, leur goût est un équilibre parfait de douceur et de fraîcheur suave. Vous pourrez choisir parmi des parfums classiques comme citron (de la région d'Amalfi), réglisse (de Calabre), amande (d'Avola, près de Syracuse) ou des créations maison comme lavande-pêche blanche ou chocolat blanc-basilic, parfois en vitrine.

On adore

Leur glace, disponible lorsque c'est la saison, ricotta-figue-amande qui est juste fabuleuse !

À 4 mn à pied de la piazza Navona et à 6 mn à pied du castel Sant'Angelo

→ INSTAGRAM : **@gelateriadelteatro**
→ **gelateriadelteatro.it**

32 LA CRÈME DE LA CRÈME **DU MAGASIN DE BONBONS ANCIENS**

Dolciumi Onorati Patrizia

À 2 mn à pied de la piazza Navona, à 3 mn à pied du palazzo Braschi et à 7 mn à pied du Panthéon.

ADRESSE
Corso del Rinascimento, 8, 00186

TÉLÉPHONE
+39 06 686 5268

HORAIRES
Lundi-samedi 9h30-13h / 15h30-19h30

PRIX
€ à €€

Cette petite boutique, ouverte depuis 1937, est un véritable temple du bonbon traditionnel. Connu à son ouverture pour être l'un des rares endroits à Rome où l'on pouvait trouver des bananes venant des colonies italiennes d'Afrique du nord, vous pourrez y découvrir aujourd'hui une large sélection de bonbons, réglisses de Calabre, fruits secs ou confits, dragées, confitures et autres sucreries italiennes, mais aussi quelques références de vins, légumes secs et pâtes sèches.

La propriétaire, Patrizia Onorati, a mis un point d'honneur à garder en l'état la confiserie afin que celle-ci ne perde pas son âme et surtout son authenticité. Il n'est donc pas rare, et particulièrement touchant, de voir entrer discrètement dans la boutique, pour acheter un sachet de bonbons ou de chocolats, des politiques travaillant aux archives d'État juste à côté !

On adore

La gentillesse de Patrizia qui se fera un plaisir de vous raconter l'histoire de sa boutique (si vous parlez italien !)

→ INSTAGRAM : **@dolciumi_onorati_patrizia**
→ **dolciumionorati.it**

BERKEL

AMARETTI VIRGINIA
DRAGEES UVETTA € 4,00 L'ETTO
PISTACCHIO TARTUFATO € 6,50 L'ETTO
Violette cristallizzate € 14,50 l'etto
MIRTILLO TARTUFATO € 4,50 L'ETTO
Grani di lavanda € 6,50 l'etto

33 LA CRÈME DE LA CRÈME **DE LA GRANITA CON PANA ET AUTRES SPÉCIALITÉS À BASE DE CAFÉ**

Sant' Eustachio Il Caffé

À 2 mn à pied du Panthéon

ADRESSE
Piazza di S. Eustachio, 82, 00186

TÉLÉPHONE
+39 06 6880 2048

HORAIRES
Dimanche-vendredi 7h30-00h
Samedi 7h30-1h

PRIX
€

Dans cette ancienne brûlerie née dans les années 1930 et située face aux archives d'État, vous vivrez pleinement l'expérience du café à l'italienne. Et cela pour plusieurs raisons ! Déjà dans la façon de consommer celui-ci, en version romain pressé, rapidement accoudé au comptoir, ou plutôt dolce vita en terrasse, si le temps le permet.

Mais la principale raison qui vous conduira jusqu'ici sont les incontournables spécialités à base de café ! Chaudes comme le cappuccino, le Moretto (mousse de lait, café, cacao) ou le *caffè d'Elite* (l'expresso maison), mais aussi froides avec la granita (avec ou sans crème fouettée), le café frappé (ou *caffè freddo*), chacun trouvera forcément café à son goût.

On adore

L'inoubliable granita con pana, à déguster en terrasse aux beaux jours.

→ INSTAGRAM : **@santeustachioilcaffe**
→ **caffesanteustachio.com**

Two Sizes

ADRESSE
Via del Governo Vecchio,
88, 00186

TÉLÉPHONE
+39 06 6476 1191

HORAIRES
Mardi-dimanche
11h-22h

PRIX
€

Voilà donc l'exception qui confirme la règle : il existe des lieux « touristiques » qui font vraiment des merveilles ! Cette échoppe, véritable star des réseaux sociaux, en est la preuve ! Il faudra vous armer de patience car, de fait, la queue est un peu longue mais à l'arrivée vous dégusterez un tiramisu dont vous vous souviendrez !

La crème est super onctueuse et les biscuits dosés juste comme il faut en café ! Vous aurez le choix entre deux tailles – d'où le nom du lieu – et cinq saveurs : traditionnel, caramel, fraise, pistache ou beurre de cacahuètes. Je peux vous dire que les sourires béats des clients en pleine dégustation dans la rue confirment que ces petits bijoux valent vraiment l'attente et le déplacement !

On adore

Les cannolis siciliens également proposés dans cette boutique.

À 2 mn à pied de la piazza Navona, et à 5 mn à pied de la Chiesa Nuova di Santa Maria in Vallicella

→ INSTAGRAM : **@twosizes**

ON AIME AUSSI BEAUCOUP

35

IL PAGLIACCIO

RESTAURANT GASTRONOMIQUE

Via dei Banchi Vecchi, 129/a, 00186 | +39 06 6880 9595 | Mardi-vendredi 19h30-22h / samedi 12h30-14h/19h30 à 22h | €€€€

→ **ristorante ilpagliaccio.com**

L'expérience vécue lors d'un dîner chez Il Paglioccio dépasse les attentes d'un grand restaurant, en offrant un véritable voyage à travers les saveurs du monde entier. Les plats du chef doublement étoilé Anthony Genovese explorent des influences variées, allant d'est en ouest, créant une rencontre unique de cultures dans l'assiette.

36

TULIPANE

CAFÉ

Via del Pavone, 28, 00186 | +39 06 0190 3840 | Tous les jours 8h30-15h30 | €

→ **tulipane.it**

Gros coup de cœur pour ce joli petit café où les viennoiseries sont généreuses, tout comme les plats salés respirant le bien manger. L'adresse idéale pour déguster un savoureux petit-déjeuner ou bruncher !

37

PER ME GIULIO TERRINONI

RESTAURANT GASTRONOMIQUE

Vicolo del Malpasso, 9, 00186 | +39 06 687 7365 | Tous les jours 12h30-14h/19h à 22h | €€€€

→ **giulioterrinoni.it**

Le chef Giulio Terrinoni propose une cuisine gastronomique totalement axée sur le produit, valorisant des producteurs locaux et prônant le zéro déchet. Celui-ci exprime une cuisine pure, du quotidien, qui magnifie véritablement le produit.

PANTHÉON

38

RISOTTERIA MELOTTI

RESTAURANT DE RISOTTO

Via della Vetrina, 12a/b, 00186 | +39 06 686 8093 | Tous les jours 11h-23h | €€

→ **risotteria melottiroma.it**

Producteurs de riz Carnaroli et Vialone Nano à Isola della Scala dans le nord de l'Italie, la famille Melotti propose dans ce restaurant les recettes de risottos de Rosetta, la mère de famille ! Et je peux vous dire qu'elles sont divines ! Gros coup de cœur pour le risotto au ragoût de canard, orange et pignons de pins torréfiés.

39

RETROBOTTEGA

BAR À VIN GASTRONOMIQUE

Via d'Ascanio, 26A, 00186 | +39 38 0691 4759 | Lundi 18h-23h30 / mardi-dimanche 8h30-23h30 | € à €€€

→ **retro-bottega.com**

Précision et justesse dans les assiettes à partager, finesse et élégance dans les verres, Retrobottega est définitivement une adresse de fins gourmets en quête d'un moment de raffinement décomplexé.

40

ALFREDO E ADA

CUISINE ITALIENNE

Via dei Banchi Nuovi, 14, 00186 | +39 06 3973 7741 | Mardi-samedi 12h-15h/19h à 22h | €

→ Facebook : **Alfredo e Ada**

Involtini al suco, parmigiana d'aubergine, *saltimbocca alla romana* ainsi qu'une sélection de lasagnes, raviolis et pâtes changeant chaque jour... Vous retrouverez chez Alfredo et Ada, une cuisine du quotidien savoureuse et sans chichi !

MES ADRESSES

Campo de' Fiori

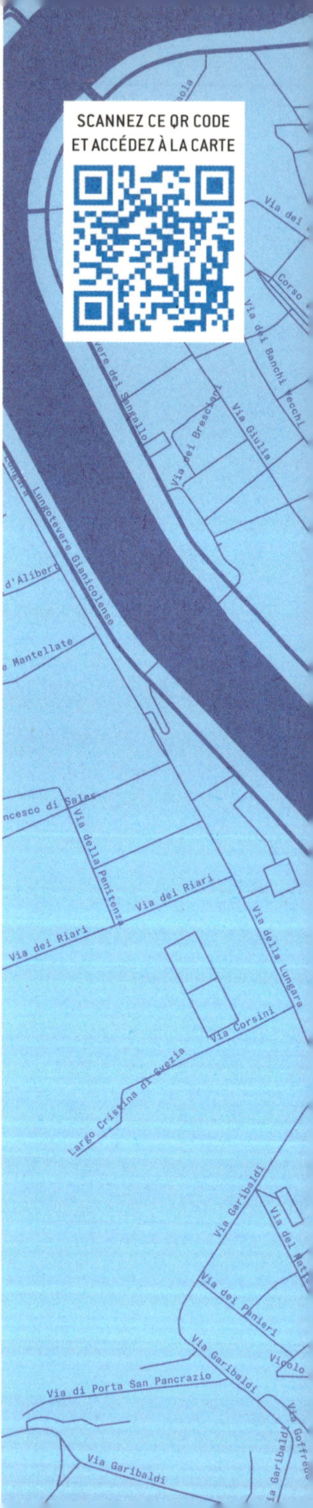

Piazza Navona
Pantheon
Basilica di Sant'Andrea della Valle
CAMPO DE' FIORI
Area Sacra di Largo di Torre Argentina
Campo de' Fiori
GHETTO EBRAICO DI ROMA
Tempio Maggiore di Roma
Via della Maschera d'Oro
Via Giustiniani
Corso Vittorio Emanuele Secondo
Via di Monserrato
Via dei Farnesi
Via del Mascherone
Vicolo del Polverone
Via Giulia
Via dei Giubbonari
Via Arenula
Via Catalana
Via Florida
Via delle Botteghe
Lungotevere dei Tebaldi
Lungotevere dei Vallati
Lungotevere De' Cenci
Via delle Zoccolette
Villa Borghese
Castel Sant'Angelo
Villa Médicis
Pantheon
Campo de' Fiori
Colosseo
0
100
200 m
44
45
46
47
48
49
50
51
52
53
54
55
56
57
58
60
61
62
63

L'Antico Forno Boccione

À 3 mn à pied du Campo de' Fiori

ADRESSE
Via del portico d'Ottavia, 1, 00186

TÉLÉPHONE
+39 06 687 8637

HORAIRES
Lundi-jeudi 7h30-19h
Vendredi 7h30-15h30
Dimanche 7h30-17h30

PRIX
€

Ouvert depuis 1815, cet établissement qui ne paye pas de mine est le plus vieux *forno* du quartier ! Située en plein cœur du très touristique Ghetto juif, cette adresse incontournable propose petits biscuits, strudels, grosses brioches, crostatas au chocolat ou aux fruits, macarons à l'ancienne... Je vous conseille de venir dès l'ouverture car la réputation du lieu fait disparaître les fournées à la vitesse de l'éclair ! Ne passez surtout pas à côté de la star de la boutique : la *pizza ebraica* (sorte de pain sucré aux fruits secs coupé en biscuits), l'un des gâteaux préférés du Pape Benoît XVI, dont la recette est ancestrale.

On adore

Le fait que la plupart des biscuits soient parfois franchement brûlés car cela fait partie d'une sorte de transmission historique. En effet, au XVIe siècle, alors qu'un décret papal a interdit aux Juifs romains de vendre des produits laitiers, les boulangers du Ghetto cachaient la garniture à base de ricotta de leur crostata sous cette croûte noircie.

→ FACEBOOK : **Boccione l'antico forno**

Il San Lorenzo

À 4 mn à pied du Campo de' Fiori, et à 2 mn à pied de la basilica di Sant'Andrea della Valle

ADRESSE
Via dei Chiavari, 4/5, 00186

TÉLÉPHONE
+39 06 686 5097

HORAIRES
Lundi 19h30-minuit
Mardi-dimanche 12h30-15h/19h30-minuit

PRIX
€€ à €€€

Ici, la mer est au centre de l'assiette et chaque poisson, crustacé ou coquillage est choisi avec un soin particulier, garantissant une expérience gastronomique d'exception. En effet, dans ce lieu élégant, réputé du tout Rome, la carte célèbre les produits de la mer sans artifice en proposant des plats dans lesquels qualité et fraîcheur sont de mise !

Un carpaccio de dorade, relevé d'une huile d'olive d'exception, ou des spaghettis alla vongole cuisinés avec une simplicité qui laisse s'exprimer l'essence même du coquillage (et servis sans les coquilles, ce qui est plus qu'appréciable). Chez Il San Lorenzo, la qualité des produits est un engagement, une promesse de saveurs authentiques, qui fait de chaque repas un moment mémorable.

On adore

Le carpaccio de gambero rosso absolument exceptionnel où s'affrontent une texture soyeuse et une mache presque carnée. À manger au moins une fois dans votre vie !

→ ilsanlorenzo.it

Antico Forno Roscioli

À 3 mn à pied du Campo de' Fiori

ADRESSE
Via dei Chiavari, 34, 00186

TÉLÉPHONE
+39 06 686 4045

HORAIRES
Lundi-samedi 7h30-20h
Dimanche 8h30-20h

PRIX
€

L'Antico Forno Roscioli est un passage obligé à Rome au même titre que la fontaine de Trevi ou le Colisée. Sa vitrine regorge de gâteaux, pains et brioches tous plus appétissants les uns que les autres. Mais c'est à l'intérieur que le coup de grâce vous attend !

Une fois passée la porte, impossible de résister aux pizzas *al taglio* (à la coupe), fines et ultra croustillantes, parsemées de jambon cru ou de stracciatella crémeuse ! Sans oublier leur sandwich de porchetta maison (cochon de lait assaisonné d'une préparation maison) : tout bonnement mémorable. Ne repartez pas sans goûter à leur strudel ou leur crostata aux fruits.

On adore

La pizza rossa al taglio que l'on pourrait vraiment manger à tous les repas quand on est à Rome !

→ INSTAGRAM : **@anticofornoroscioli**
→ **anticofornoroscioli.it**

€ 1,80
PIZZETTA
GENOVESE
BIANCA
PIZZETTE
GENOVESE

Dar Filettaro a Santa Barbara

À 2 mn à pied du Campo de' Fiori et à 12 mn à pied du Ghetto ebraico di Roma

ADRESSE
Largo dei Librari, 88,
00186

TÉLÉPHONE
+39 06 686 4018

HORAIRES
Lundi-samedi 17h30-23h

PRIX
€

Même si le confort est quelque peu sommaire, vous vivrez ici une expérience totalement inattendue. Car c'est dans cette adresse des plus confidentielles, ouverte seulement le soir, que viennent la plupart des Romains voulant manger un vrai *filetti di baccalà fritto* (sorte de poisson – cabillaud, morue – pané).

Sacrément copieux, vous pourrez le prendre à emporter et le manger en vous promenant dans les ruelles de ce quartier plutôt touristique. À moins que vous ne préfériez le déguster à table, accompagné de spécialités italiennes, comme de la puntarelle et son assaisonnement maison – si la saison le permet – ou des haricots blancs *cacio e pepe* (au pecorino et au poivre). On fond vraiment devant tant d'authenticité !

On adore

L'été, vous verrez la terrasse dressée sur la petite place de l'église Santa Barbara dei Librai. La scène est absolument sublime !

→ FACEBOOK: **FilettiDiBaccala**

BIRRA
MORETTI
Fatte
dù
Filetti
Santa Barbara

Beppe e i suoi formaggi

À 6 mn à pied du Campo de' Fiori

ADRESSE
Via di Santa Maria del Pianto, 9A, 00186
(Voir leur autre adresse sur leur site internet)

TÉLÉPHONE
+39 06 6819 2210

HORAIRES
Lundi-jeudi 11h-22h30
Vendredi-samedi 11h-23h30

PRIX
€€

Venant d'une famille de producteurs laitiers, c'est tout naturellement que Beppe Giovale a ouvert cette adresse en plein cœur du quartier juif de Rome, l'un des plus anciens de la ville. Beppe e i suoi formaggi (littéralement, « Beppe et ses fromages ») est une fromagerie véritablement imaginée pour les passionnés grâce à la multitude de fromages, de charcuteries et de vins italiens dont ils auront la chance de se délecter.

Bien évidemment le Piémont, terroir particulièrement « fertile » en productions d'exception, est à l'honneur avec des fromages comme le Murazzano AOP, différentes tommes mais aussi des vins fabuleux. Il est également possible de participer à des dégustations de fromages sur place et de prendre place dans leur espace restauration pour se régaler de plats issus d'une carte respectant la saisonnalité.

On adore

Leurs assiettes de pâtes, particulièrement les agnolotti à la ricotta et aux épinards.

→ INSTAGRAM : **@beppeeisuoiformaggi**
→ **beppeeisuoiformaggi.it**

Menu
Cheese plates
tre pezzi 14€
Cinque pezzi 20€
Sette pezzi 28€
Dieci pezzi 36€
Kitchen
battuta di fassona 18€
chevre salad 10€
caprese salad 12€
spelt salad 12€
better cheese
iCroccanti

Amerina la Pizzetta

À 2 mn à pied du Campo de' Fiori, et à 8 mn à pied des ruines « Area Sacra di Largo di Torre Argentina »

ADRESSE
Largo dei Librari, 82, 00186

TÉLÉPHONE
+39 06 4549 5604

HORAIRES
Mardi-vendredi et dimanche 11h-23h
Samedi 11h-minuit

PRIX
€

Cette petite échoppe propose des *pizzette* dont les saveurs oscillent entre finesse et gourmandise. Si vous arrivez au moment d'une nouvelle fournée, vous serez accueilli par l'odeur alléchante de la pâte qui vient de dorer au four, mêlée à celle de la longue liste d'ingrédients recouvrant ces petits bijoux, comme des tomates gorgées de soleil, par exemple !

Chaque bouchée est un vrai bonheur gustatif : les saveurs sont franches et gourmandes, avec ce petit « je-ne-sais-quoi » qui fait toute la différence. On y déguste le plaisir vrai de la cuisine italienne, où la simplicité et le goût priment avant tout.

On adore

La localisation ! Vous pourrez déguster ces pizzette en terrasse sur le largo dei Librari, ou en déambulant dans ce quartier touristique.

→ INSTAGRAM : **@amerina_lapizzetta**
→ **amerinalapizzetta.it**

I Dolci di Nonna Vincenza

À 2 mn à pied du Campo de' Fiori

ADRESSE
Via dell'Arco del Monte, 98/A/B, 00186

TÉLÉPHONE
+39 06 9259 4322

HORAIRES
Mardi-vendredi 7h30-19h
Samedi 8h-19h

PRIX
€

Ici, c'est de Sicile dont il est question. La préoccupation principale de cette boutique est de préserver un véritable patrimoine culinaire en continuant à faire vivre des recettes traditionnelles de pâtisseries siciliennes.

Vous y trouverez donc bon nombre de gâteaux, comme le fameux cannolo (tube de pâte frite fourré d'une crème battue sucrée à la ricotta) ainsi que l'incontournable cassata (montage de pain de Gênes et d'une crème assez semblable à celle du cannolo). Que vous dégustiez ces douceurs sur place ou en vous promenant, il est certain qu'une délicate odeur palermitaine vous chatouillera les narines !

On adore

Les mini cassatas à déguster en se baladant sur les bords du Tibre, situé juste au bout de la rue.

→ INSTAGRAM : **@nonnavincenza**
→ **dolcinonnavincenza.com**

Forno Campo de' Fiori

ADRESSE
Campo de' Fiori, 22, 00186
Sur la place du Campo de' Fiori

TÉLÉPHONE
+39 06 6880 6662

HORAIRES
Lundi-samedi
8h-14h30 / 16h30-19h30

PRIX
€

Ce fournil, installé sur l'une des places les plus animées de Rome, est une halte gourmande incontournable où l'on découvre le goût de la gourmandise véritable ! Dès l'entrée, sur les étagères et dans les vitrines, les fournées de pains dorés, viennoiseries, petits biscuits et pizzas *al taglio* généreusement garnies vous feront de l'œil.

Les clients, locaux et touristes confondus, se pressent à n'importe quel moment de la journée pour emporter un morceau de cette authenticité italienne si savoureuse. Au Forno Campo de' Fiori, on goûte au plaisir d'un savoir-faire ancestral, où chaque bouchée rappelle les valeurs d'une générosité chaleureuse.

On adore

Lorsque c'est la saison, la crostata di visciole (aux cerises aigrelettes) qui est juste divine !

À 8 mn à pied des ruines « Area Sacra di Largo di Torre Argentina »

→ INSTAGRAM : **@fornocampodefiori**
→ **fornocampodefiori.com**

Bar del Cappuccino

ADRESSE
Via Arenula, 50, 00186

TÉLÉPHONE
+39 06 6880 6042

HORAIRES
Lundi-vendredi 5h15-17h
Samedi 5h30-16h

PRIX
€

Alors là, je peux vous dire que vous n'êtes pas près d'oublier la première bouchée d'un sandwich – qui serait plutôt une pizza *bianca* pour les italiens – au Bar del Cappucino ! Vous risquez d'être sidéré face à tant de perfection et, qui sait, les larmes vous monteront même peut-être aux yeux. Leurs *pizze biance* hyper légères, fraîches et croustillantes au pastrami ou à la viande séchée sont des références en la matière !

Mais impossible de ne pas goûter à celle à la boutague, mozzarella et roquette ! ABSOLUMENT INOUBLIABLE ! L'assaisonnement citronné, si juste, donne une autre dimension à ce produit de la mer à la saveur singulière. Le pain est tartiné de mayonnaise maison et de mozzarella à peine tiédie à la salamandre. Tous les ingrédients sont à leur place donnant à ce sandwich une dimension totalement dingue de bonheur à l'état pur !

On adore

Les si sympathiques Adriano et Leandro, derrière le comptoir, à la bonne humeur vraiment communicative ! On adore aussi leur cappucino freddo, pas trop sucré, et leur thé glacé maison.

À 2 mn à pied du Ghetto ebraico, à 7 mn à pied du Campo de' Fiori, à 4 mn à pied de la Grande synagogue de Rome

→ INSTAGRAM : **@bar_del_cappucino_pastrami**

La Romana dal 1947

À 3 mn à pied de la piazza Navona, et à 7 mn à pied du Panthéon

ADRESSE
Piazza di S. Andrea della Valle, zona Piazza Navona, 1, 00186

TÉLÉPHONE
+39 06 6813 9867

HORAIRES
Dimanche-jeudi 11h-minuit
Vendredi-samedi 11h-1h

PRIX
€

Alors oui, vous allez probablement voir des *gelaterias* « La Romana » dans plusieurs grandes villes italiennes. Oui, il y aura peut-être la queue (pour l'éviter, allez-y avant 13h). Mais sincèrement, leurs crèmes glacées, sorbets et granités valent sacrément le détour : tout est absolument DÉLICIEUX !

Le secret ? Dans chaque boutique, une vitrine donne sur l'atelier où, chaque jour, les glaces sont faites sur place et ça, ça fait toute la différence ! Si le cœur vous en dit, vous pourrez également repartir avec de petites bouchées ou de jolis gâteaux glacés également proposés en vitrine.

On adore

Pour les personnes intolérantes au lactose, en plus des crèmes glacées au lait de vache, vous pourrez choisir dans une longue liste de parfums à base de lait végétal !

→ INSTAGRAM : **@gelaterialaromana**
→ **gelateriaromana.com**

LAROMANA
dal 1947

LAROMANA
dal 1947

ON AIME AUSSI BEAUCOUP

56

GELATERIA ALBERTO PICA DAL 1971

GLACERIE

Via della Seggiola, 12, 00186 | +39 06 686 8405 | Lundi-samedi 8h-1h | €

Glaces, café, plats sur le pouce ou *aperitivo*… Ce lieu est un véritable couteau suisse ! Mais la douceur à goûter absolument, c'est leur tiramisu : totalement décadent !

54

PIPERNO RISTORANTE DAL 1860

CUISINE ITALIENNE

Via Monte dè Cenci, 9, 00186 | +39 06 6880 6629 | Mardi-vendredi 19h45-22h30 / samedi 12h45-14h30/19h45-22h30 / dimanche 12h45-15h | €€ à €€€

→ **ristorante piperno.com**

Piperno est l'un des plus vieux restaurants de Rome et se transforme en un véritable royaume de l'artichaut, lorsque c'est la saison. À goûter aussi, leur spaghettis *cacio e pepe* qui font référence en la matière !

55

PIERLUIGI

RESTAURANT DE FRUITS DE MER

Piazza de' Ricci, 144, 00186 | +39 06 686 8717 | Tous les jours 12h-15h/19h-23h30 | €€€ à €€€€

→ **pierluigi.it**

Dans ce restaurant, vous serez accueillis par un superbe banc de poissons et crustacés frais qui s'offrira à votre regard ! Rien de plus normal puisqu'ici les produits de la mer sont à l'honneur dans une atmosphère à la fois chic et décontractée.

57

EVANGELISTA

CUISINE ITALIENNE

Via delle Zoccolette, 11/A, 00186 | +39 06 687 5810 | Lundi-samedi 19h-23h30 | €€

→ **ristorante evangelista.com**

Dans un décor simple mais raffiné, les tables sont dressées comme pour un repas de famille. Une cuisine sincère et généreuse, dans la plus pure tradition italienne, où chaque bouchée réconforte.

CAMPO DE' FIORI

58

RISTORANTE AL POMPIERE

CUISINE ITALIENNE

Piazza delle Cinque Scole, 28, 00186 | +39 06 686 8377 | Mercredi-samedi et lundi 12h30-15h/19h-23h / dimanche 12h30-15h30 | €€ à €€€

→ **alpompiereroma.com**

Dans ce restaurant qui propose une cuisine italienne populaire, le plat incontournable est le *carciofi alla giudia*, vibrant hommage à la cuisine juive-romaine. Leurs tagliatelles alla romana – poivron rouge, raisins secs, pignons et anchois – rappellent quant à elles les traditions d'une cuisine simple et généreuse.

59

ASSUNTA MADRE

RESTAURANT DE FRUITS DE MER

Via Giulia, 14, 00186 | +39 06 6880 6972 | Tous les jours 19h-minuit | €€€ à €€€€

→ **ristorante assuntamadre.it**

Pour comprendre les véritables saveurs des produits de la mer, c'est ici qu'il faut venir ! Proposant une large sélection de *crudo di pesce* (poissons et fruits de mer servis crus) à la fraîcheur et à la qualité irréprochable, Assunta Madre est un incontournable en la matière !

60

OPEN BALADIN

BAR

Via degli Specchi, 6, 00186 Roma | +39 06 683 8989 | Dimanche-jeudi 12h-1h / vendredi-samedi 12h-2h | €

→ **baladin.it**

Avec près d'une centaine de bières venant des quatre coins du monde, mais surtout celles issues de leur propre production, au nord-ouest des Alpes italiennes, bienvenue dans l'une des meilleures micro-brasseries du pays ! Si vous souhaitez grignoter un morceau, vous pourrez croquer dans un sandwich imaginé par le génie de la pizza Gabriele Bonci, en personne, ou goûter à leurs chips faites minute, aux saveurs étonnantes comme réglisse ou ail-pecorino.

MES ADRESSES

Trastevere / Prati

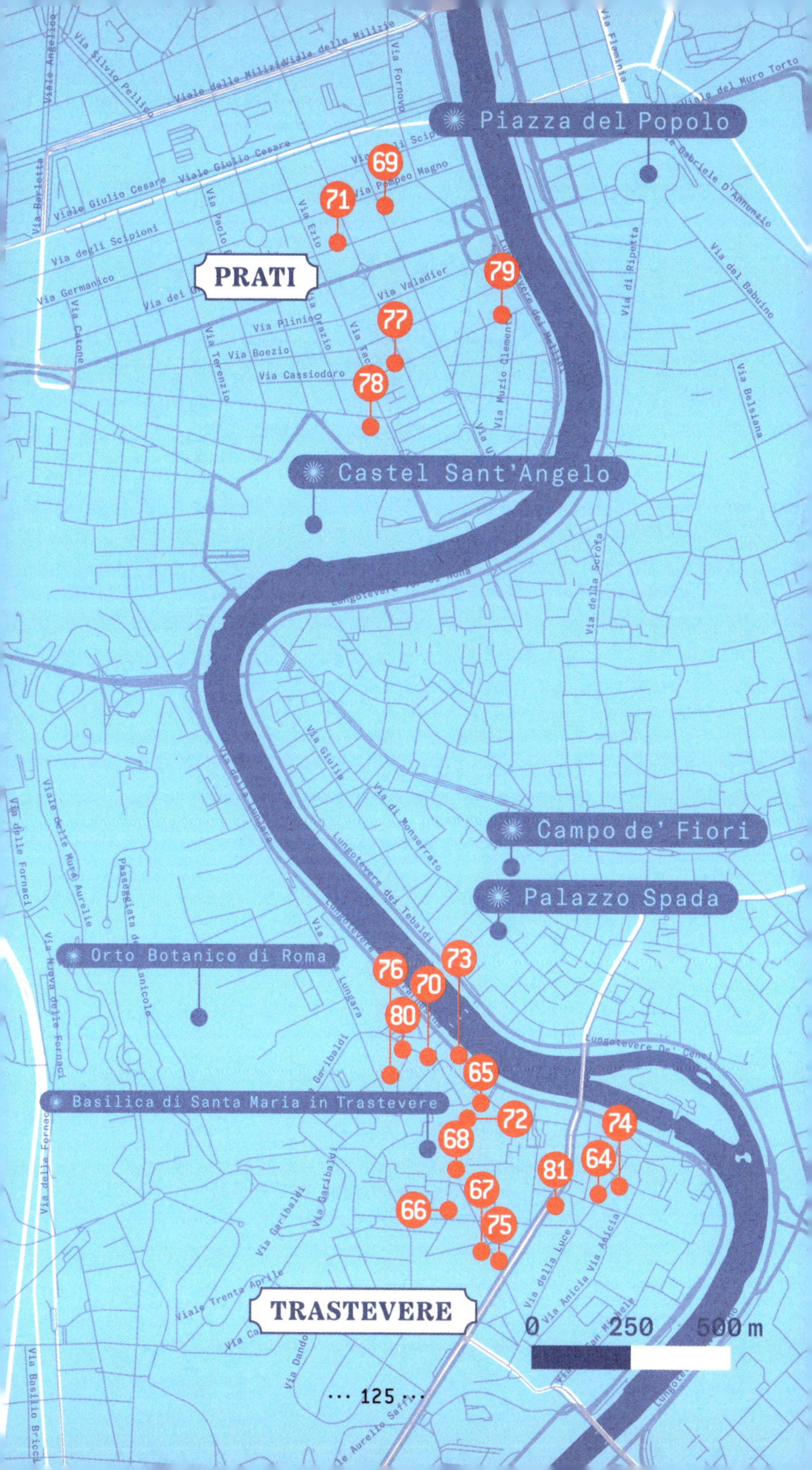
Piazza del Popolo
PRATI
Castel Sant'Angelo
Campo de' Fiori
Palazzo Spada
Orto Botanico di Roma
Basilica di Santa Maria in Trastevere
TRASTEVERE
69
71
79
77
78
76
73
70
80
65
72
68
74
64
81
67
66
75
0 250 500 m

Biscottificio Artigiano Innocenti

À 15 mn à pie du Campo de' Fiori

ADRESSE
Via della Luce, 21, 00153

TÉLÉPHONE
+39 06 580 3926

HORAIRES
Lundi-samedi 8h-19h30
Dimanche 9h30-14h

PRIX
€

Soyez attentif, car, de l'extérieur, rien ne vous indiquera cette pépite ! Dans cette boutique pleine de charme, tout est resté comme dans les années 1950 : la balance, la décoration et même la vendeuse ! Ici, vous l'aurez compris, les biscuits ont la saveur de l'enfance : ils possèdent ce petit plus indescriptible et cette miette d'imperfection que l'on retrouve parfois dans les pâtisseries familiales et qui les rendent tout simplement exquises !

Même si les sablés aux pignons ou les macarons rustiques sont absolument délicieux, ceux qui vous transporteront dans la quatrième dimension sont définitivement les petits biscuits façon amaretto aux noisettes du Piémont. Ne visitez pas Rome sans passer par cette adresse : vous rateriez vraiment quelque chose !

On adore

Les sablés à la confiture d'abricot et les roues à l'anis, qui vous mettront littéralement les larmes aux yeux.

→ INSTAGRAM : **@biscottificioinnocenti**
→ **biscottificioartigianoinnocenti.wordpress.com**

3,00 euro
al pezzo
MIELI...
3,60
AL PEZZO
2,20 EURO
AL PEZZO

Pastificio Sorelle Piras

ADRESSE
Via del Moro, 32, 00153

TÉLÉPHONE
+39 06 580 3759

HORAIRES
Lundi-mardi
8h30-14h30
Mercredi-samedi
8h30-13h

PRIX
€

À 2 mn à pied de la basilica di Santa Maria in Trastevere, et à 8 mn à pied du palazzo Spada

En plein cœur du quartier de Trastevere, le Pastificio Sorelle Piras est un véritable temple de la pâte fraîche ! En entrant sur votre droite, vous pourrez voir le travail de précision des artisans étirant et découpant la pâte, racontant une partie de l'histoire culinaire italienne. Ces mains expertes roulent et façonnent, avec une habileté hypnotisante, des ingrédients simples – farine, œufs et *basta* ! – mais d'une qualité irréprochable !

Face à vous, la vitrine réfrigérée sera remplie, selon les jours, d'orechiette, fricelli, raviolis et/ou culurgiones généreusement garnis, gnocchis, gnochettis ou encore tortellinis soigneusement pliés, qui seront alignés comme de véritables témoins d'une tradition transmise de génération en génération.

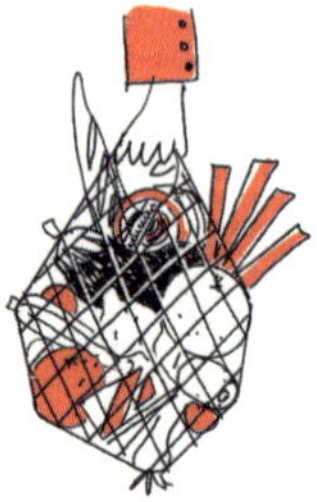

On adore

Les farces des raviolis toutes plus savoureuses les unes que les autres, avec un gros coup de cœur pour la ricotta-orange !

→ INSTAGRAM : **@sorellepirasroma**

FRICELLI
€ 10.00 Kg
COttURA
RAVIOLI
RICOTTA e SPINACI
FATTI A MANO
INGR
RICOttA . SPINACI . SALE . PARMIG.
NOCE MOSCATA € 19.00 Kg
ORECCHIETTE
BARESI
€ 10.00
Kg
COttURA
15 - 18
MIN.

Otaleg

À 2 mn à pied de la basilica di Santa Maria in Trastevere

ADRESSE
Via di San Cosimato, 14a, 00153
(voir leur autre adresse sur leur site internet)

TÉLÉPHONE
+39 33 8651 5450

HORAIRES
Tous les jours 12h-minuit

PRIX
€

« Créer des émotions en toute transparence » est l'expression qui définirait le mieux la philosophie du maître glacier Marco Radicioni. Celui qui veut créer une véritable expérience gustative, mêlant aux émotions enfantines que procure la glace des techniques de fabrication à la pointe de l'innovation, propose chaque jour une sélection de 30 saveurs de glaces toutes plus fabuleuses les unes que les autres !

Chez Otaleg, le choix des matières premières des glaces et sorbets, pour la plupart les plus locales possible, n'est pas laissé au hasard : fruits de saison, lait bio et chocolat issu de filières éthiques sont au cœur de chaque recette. Ici, on célèbre le bon avec des saveurs qui rendent hommage à des ingrédients sacrément bien sourcés.

On adore

Que chaque recette soit réfléchie afin de proposer une glace véritablement artisanale, éliminant tout ce qui est en trop, comme les additifs ou les sucres superflus. On aime aussi les coupes compostables et les cornets sans gluten !

→ INSTAGRAM : **@otaleg.radicioni**
→ **otaleg.com**

L'Antica Caciara

À 4 mn à pied de la basilica di Santa Maria in Trastevere

ADRESSE
Via di San Francesco a Ripa, 140A/B, 00153

TÉLÉPHONE
+39 06 581 2815

HORAIRES
Lundi-vendredi 8h-14h / 16h-19h30
Samedi 8h-19h30

PRIX
€ à €€

Cette boutique est un petit trésor de quartier, un lieu où se côtoient des produits d'exception venus des quatre coins de l'Italie. Dès le premier coup d'œil, on est frappés par la diversité des spécialités proposées : ricotta fraîche dans des petits paniers, pecorino aux nuances variées, mozzarella fondante... Ici, tout respire la fraîcheur et le savoir-faire artisanal. Il devient vite difficile de choisir parmi la sélection de merveilles gourmandes, véritable hommage aux produits régionaux.

Outre les fromages, le magasin propose un large assortiment de charcuteries, de vins soigneusement sélectionnés, mais aussi de pâtes et de légumes secs. Chaque produit raconte une histoire, celle des traditions culinaires italiennes. Dans cette boutique où l'on prend le temps de discuter et de découvrir, on ressort toujours les bras chargés de victuailles, prêts à recréer un peu d'Italie chez soi.

On adore

Moyennant quelques euros, le magasin peut mettre vos achats sous vide, ce qui sera plus facile pour les ramener à la maison !

→ INSTAGRAM : **@anticacaciaratrasteverina**

PECORINO
ROMANO
€ 25,00
SALAME CON
TARTUFO
€ 25,00

RICOTTA di
PECORA
€ 5,50

Bar San Calisto

ADRESSE
Piazza di San Calisto, 3,
00153

TÉLÉPHONE
+39 06 583 5869

HORAIRES
Tous les jours
6h-2h

PRIX
€

À 1 mn à pied de la basilica di Santa Maria in Trastevere

Sur la petite terrasse, les tables en plastique s'alignent dans une sorte de désordre organisé, et c'est dans cette simplicité que réside le charme irrésistible de ce lieu. On y boit un café serré, un spritz, ou une bière bien fraîche en profitant du va-et-vient continu qui anime cet endroit où se mêlent Romains et touristes.

Le Bar San Calisto est à la fois un refuge pour les âmes solitaires et un point de rendez-vous pour les amis qui s'y retrouvent à toute heure, particulièrement celle de l'*aperitivo* ! Pas de chichis, on y apprécie l'essentiel, le plaisir d'un moment simple partagé autour d'un verre, dans une ambiance décontractée. C'est cette authenticité qui fait du San Calisto un lieu à part ancré dans un quotidien romain bouillonnant.

On adore

Prendre son café à emporter et partir se balader dans cet incroyable quartier qu'est le Trastevere !

→ INSTAGRAM : **@barsancalisto**
→ **barsancalisto.it**

Bar
BAR San Calisto
LATTERIA
CHIUSO
Domenica
VIETATO

La Mimosa di Adelmo

À 12 mn à pied de la piazza del Popolo, et à 15 mn à pied du castel Sant'Angelo

ADRESSE
Via Alessandro Farnese, 12, 00192

TÉLÉPHONE
+39 06 5527 0206

HORAIRES
Lundi 10h30-19h30
Mercredi-vendredi 10h30-19h30
Samedi 9h-13h / 16h-19h30
Dimanche 9h-13h

PRIX
€ à €€

Remontons le temps jusqu'en 1962, à San Remo. C'est ici, lors d'un concours de pâtisserie, que le chef Adelmo Renzi créa ce gâteau qu'il baptisa « Mimosa » en hommage à la ville des fleurs. Celui qui fut à la tête des cuisines du restaurant « Il ristorante del teatro Flavio » dans la petite ville de Rieti n'imaginait certainement pas que, près de six décennies plus tard, ses filles Maria Rosaria, Alessandra et Paola continueraient à perpétuer cette tradition sucrée.

Et c'est aujourd'hui dans une coquette boutique du quartier de Prati que, chaque jour, bon nombre de Romains se pressent pour acheter ce gâteau à la crème si légère, recouvert de petits morceaux de génoise d'un jaune vif reconnaissable entre mille !

On adore

Toutes les autres pâtisseries de la boutique qui sentent bon l'authenticité !

→ INSTAGRAM : **@lamimosadiadelmoroma**
→ **lamimosadiadelmo.it**

Trapizzino

À 8 mn à pied du Campo de' Fiori

ADRESSE
Piazza Trilussa, 46, 00153
(voir leurs autres adresses sur leur site internet)

TÉLÉPHONE
+39 06 581 7312

HORAIRES
Mardi-jeudi et dimanche 12h-1h
Vendredi-samedi 12h-2h

PRIX
€

Préparez-vous à déguster un incroyable sandwich, imaginé par le chef Stefano Callegari ! Souhaitant trouver un moyen pratique et efficace pour partager les recettes de sa grand-mère avec le plus grand nombre, ce spécialiste a créé le *trapizzino* : un cône de pâte à pizza reprenant la forme triangulaire du fameux sandwich italien, le *tramezzino.*

Farci de préparations confectionnées chaque matin dans les cuisines des restaurants, le *trapizzino* rend hommage aux classiques de la gastronomie italienne (émincé d'artichauts, tripes à la romaine, aubergines alla parmigiana ou langue en sauce) et fait aussi la part belle aux créations maison comme les brocolis à la vapeur aux amandes et pecorino. Pour être honnête, j'ai rarement mangé de sandwichs aussi savoureux.

On adore

Le sandwich aux boulettes de bœuf sauce tomate absolument dingue !

→ INSTAGRAM : **@trapizzino**
→ **trapizzino.it**

Gelateria dei Gracchi

ADRESSE
Via dei Gracchi, 272, 00193

TÉLÉPHONE
+39 06 321 6668

HORAIRES
Tous les jours
11h30-minuit

PRIX
€

Quand, dans la file d'attente, un petit monsieur assez âgé, vous prend par le bras pour vous dire « Vous savez je viens depuis toujours ! Ici, c'est vraiment les meilleures glaces du monde ! », vous ne pouvez que pressentir que le moment sera doux. Cette adresse est une véritable institution où l'art de la glace se pratique avec passion !

Chaque parfum est élaboré avec des ingrédients de qualité, soigneusement sélectionnés. Les fruits, cueillis à pleine maturité, donnent naissance à des sorbets frais, explosant en bouche. La pistache, venue directement de Bronte, a ce goût riche et profond, presque crémeux, tandis que la noisette semble fondre en dévoilant ses arômes subtils. Les saveurs traditionnelles côtoient des créations plus audacieuses, toujours avec ce respect infini du produit. On aime s'installer sur le banc devant la boutique pour déguster lentement notre glace, en regardant les passants, comme si, pendant un instant glacé aussi précieux qu'inoubliable, le temps s'arrêtait...

On adore

Leurs granités ! Celui à l'amande est vraiment délicieux.

À 18 mn à pied de la basilique Saint-Pierre, et à 14 mn à pied du castel Sant'Angelo

→ INSTAGRAM : **@gelateriadeigracchi**
→ **gelateriadeigracchi.it**

Pasticceria Valzani

ADRESSE
Via del Moro, 37a/B, 00153

TÉLÉPHONE
+39 06 580 3792

HORAIRES
Mardi-dimanche 10h30-19h30

PRIX
€ à €€

Ce qu'il y a de si agréable à Rome, c'est que lorsque l'on entre dans la plupart des lieux, on est saisi par leur histoire ! C'est le cas de la pasticceria Valzani ! Ouverte en 1925, cette pâtisserie se visite comme une sorte de conservatoire de saveurs romaines authentiques. Vous trouverez ici une multitude de petits biscuits, une sachertorte qui fait référence, des cannollis siciliens, mais leurs spécialités restent les célèbres Pangiallo et Panpepato Romani.

Deux spécialités qui ont une histoire puisque la création du Pangiallo remonte à la Rome antique lorsqu'on le préparait pour célébrer le solstice d'hiver et attirer la prospérité. Celle du Panpepato, ce classique des tables de fêtes symbolisant l'abondance, date quant à elle du Moyen Âge. Vous l'aurez compris, dans la pasticceria Valzani, c'est un peu une invitation à remonter le temps qui s'offrira à vous !

On adore

La décoration hors d'âge qui donne le sentiment que le temps s'est arrêté au début du XXe siècle.

À 2 mn à pied de la basilica di Santa Maria in Trastevere, et à 8 mn à pied du jardin botanique

→ INSTAGRAM : **@pasticceria_valzani_trastevere**
→ **pasticceriavalzani.it**

NO

BACI DI
DAMA

Freni e Frizioni

ADRESSE
Via del Politeama, 4, 00153

TÉLÉPHONE
+39 06 4549 7499

HORAIRES
Tous les jours 18h30-2h

PRIX
€€

Freni e Frizioni n'est pas un bar comme les autres. Ici, la carte des cocktails se réinvente au fil de la soirée, s'adaptant aux différentes ambiances et énergies qui rythment ce bar classé parmi les 50 meilleurs au monde. Divisée en quatre tranches horaires, chaque phase de la soirée propose trois cocktails différents, chacun pensé pour offrir une expérience particulière.

L'atmosphère légère et fraîche à l'heure de l'*aperitivo* devient plus intense, audacieuse et inattendue au fur et à mesure de la soirée, passant de cocktails doux et légers comme le Negroni Mediterraneo aromatisé au basilic, pour arriver à des breuvages un peu moins sages comme l'interprétation liquide du fameux plat de pâtes Cacio e Pepe ou le Kumquat Tequila Sunrise. Cette montée en puissance vous assurera, sans aucun doute, une soirée pleine de rebondissements.

Dans le quartier du Trastevere

On adore

La façon dont la carte est réfléchie afin de garantir une expérience sensorielle en constante évolution.

→ INSTAGRAM : **@freniefrizioni**
→ **freniefrizioni.com**

FRINI E FRI

ON AIME AUSSI BEAUCOUP

TRASTEVERE

74

PIANOSTRADA

CUISINE ITALIENNE CRÉATIVE

Via della Luce, 65, 00153 | +39 06 8957 2296 | Mardi-vendredi 18h30-23h30 / Samedi-dimanche 12h30-16h/18h30-23h30 | €€€ à €€€€

→ Instagram : **@pianostrada**
→ **pianostrada.superbexperience.com**

Ici, chaque plat est une ode aux produits de saison accompagnée d'une pointe de créativité audacieuse. Vous serez invités à savourer des recettes réconfortantes, comme des pâtes faites maison, tout en vous laissant porter par une ambiance infiniment romaine et conviviale.

75
SUPPLÌ
PIZZA AL TAGLIO

Via di San Francesco a Ripa, 137, 00153 | +39 06 589 7110 | Lundi-samedi 10h-21h | €

→ **suppliroma.it**

Des *supplì* mais aussi des pizzas à la coupe absolument délicieuses – avec un gros coup de cœur pour la marinara – voilà qui pourrait faire le pique-nique parfait à déguster en se baladant dans les charmantes ruelles du Trastevere.

76
ENOTECA L'ANTIDOTO
BAR À VINS

Vicolo del Bologna, 19, 00153 | Mercredi-lundi 18h-minuit | €€

→ Instagram : **@enotecalantidoto**
→ **enotecalantidoto.com**

Une sélection de vins natures impressionnante et des assiettes valorisant la pureté des produits locaux, on adore cette adresse vertueuse pleine de joie, où l'hospitalité est reine !

PRATI

77
ARCANGELO
CUISINE ITALIENNE

Via Giuseppe Gioachino Belli, 59, 00193 | +39 06 321 0992 | Lundi-samedi 19h15-22h45 | €€ à €€€

→ **larcangelo.com**

Si vous avez aimé les *supplì* de la boutique Supplizio, vous adorerez forcément cette adresse puisqu'il s'agit aussi d'un restaurant du chef Arcangelo Dandi ! Vous y dégusterez une cuisine romaine de haute voltige assaisonnée d'une pointe de singularité propre au chef ! Énorme coup de cœur pour les tripes de veau à la menthe et pecorino.

78
HOSTARIA DA CESARE BOTTEGA STORICA DAL 1921
OSTERIA

Via Crescenzio, 13, 00193 | +39 06 686 1227 | Tous les jours 12h30-15h/19h30-minuit | €€

→ **ristorantecesare.com**

Ici, chaque plat célèbre la perfection des saveurs italiennes traditionnelles. Dans une ambiance discrète et élégante, les saveurs authentiques sont sublimées par un raffinement subtil, offrant un instant de pure gourmandise aux accents romains intemporels.

MES ADRESSES

Colosseo / Roma Termini / Testaccio

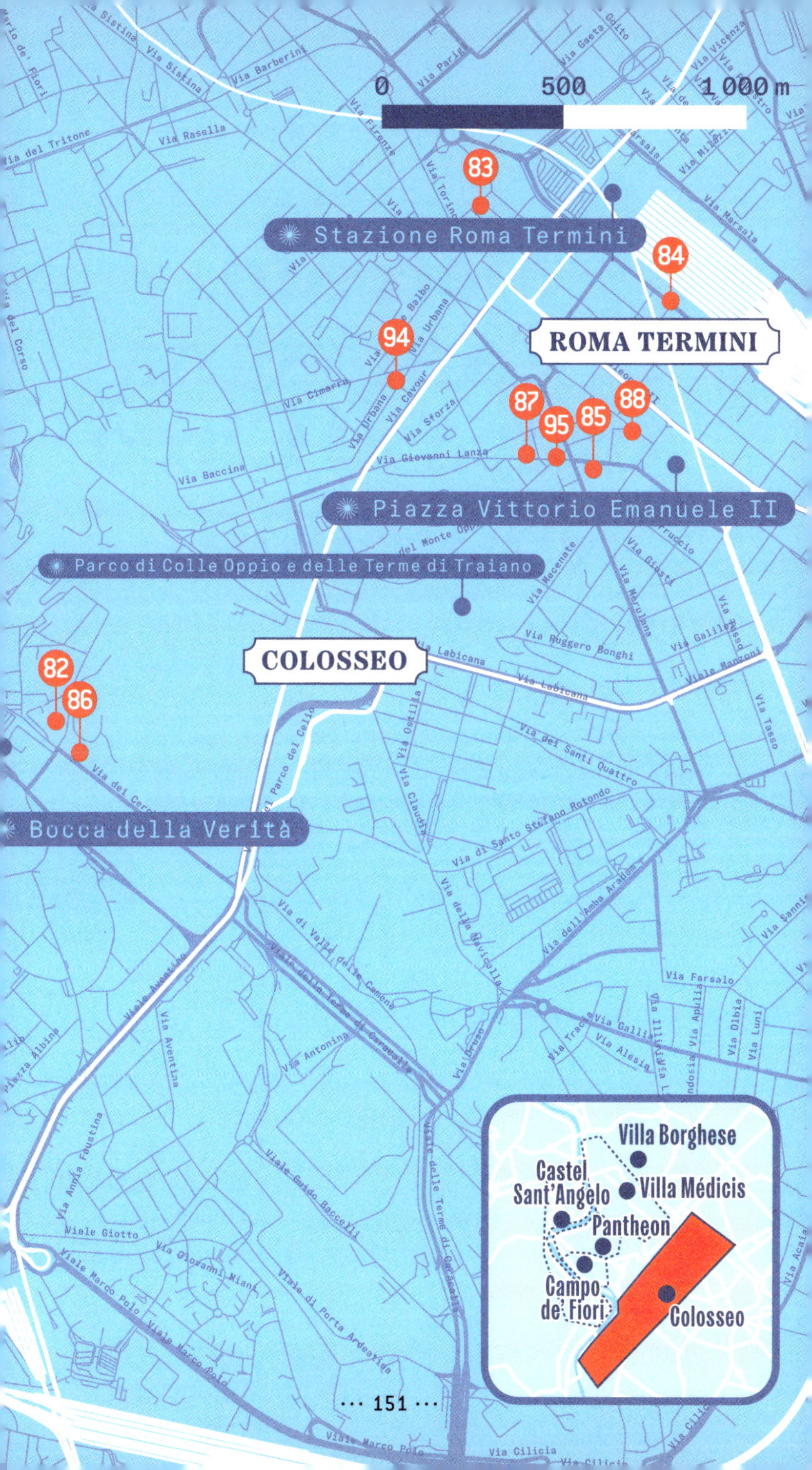
0
500
1 000 m
Stazione Roma Termini
ROMA TERMINI
Piazza Vittorio Emanuele II
Parco di Colle Oppio e delle Terme di Traiano
COLOSSEO
Bocca della Verità
83
84
94
87
95
85
88
82
86
Via Sistina
Via Barberini
Via del Tritone
Via Rasella
Via Firenze
Via Torino
Via Cavour
Via Urbana
Via Sforza
Via Giovanni Lanza
Via Cimarra
Via Baccina
Via del Corso
Via Labicana
Via Merulana
Via Ruggero Bonghi
Via Galilei
Viale Manzoni
Via Tasso
Via dei Santi Quattro
Via di Santo Stefano Rotondo
Via Claudia
Via della Navicella
Via dell'Amba Aradam
Via di Valle delle Camene
Viale delle Terme di Caracalla
Via Antonina
Viale Aventino
Via Aventina
Viale Guido Baccelli
Viale di Porta Ardeatina
Viale Giotto
Via Giovanni Miani
Viale Marco Polo
Via Farsalo
Via Cilicia
Villa Borghese
Castel Sant'Angelo
Villa Médicis
Pantheon
Campo de' Fiori
Colosseo

(82) LA CRÈME DE LA CRÈME **DU MARCHÉ DE PRODUCTEURS LOCAUX**

Mercato di Campagna Amica al Circo Massimo

À 4 mn à pied de la Bocca della Verità

ADRESSE
Via di San Teodoro, 74, 00186

HORAIRES
Samedi-dimanche 8h-15h

PRIX
€ à €€

Sur ce marché, partez à la découverte de la fine fleur des producteurs locaux, venant de la région du Lazio ! Fruits et légumes, viandes et charcuteries régionales, pains, gâteaux et biscuits, fromages, conserves, miels… Tout y est !

Hors des sentiers battus, ce marché est une véritable plongée dans la vie quotidienne romaine. Lorsqu'il fait beau, à l'extérieur, vous pourrez découvrir une mine d'échoppes, de petits restaurants et autres stands de *street food.*

ON AIME AUSSI BEAUCOUP

(96) MERCATO TRIONFALE
Via Andrea Doria, 00192 | Lundi, mercredi, jeudi, samedi 7h-14h / Mardi 7h-19h / Vendredi 7h-23h | €

(94) LE NUOVO MERCATO COMUNALE DE TESTACCIO
Via Aldo Manuzio, 66b, 00153 | Lundi-vendredi 7h-14h30 / Samedi 7h-15h30 | €

On adore

La qualité des produits absolument incroyable et la situation hyper centrale !

→ mercatocircomassimo.campagnamica.it

RAVIOLI RICOTTA
E SCORZA DI LIMONE
BIO
€27,00 KG

CAMPAGNA AMICA
ROMA
CAMPAGNA AMICA
PREZZO
PRODOTTO
VARIETÀ
2,50 al kg
Pero

Er Buchetto

ADRESSE
Via del Viminale, 2F, 00184

TÉLÉPHONE
+39 329 965 2175

HORAIRES
Lundi-vendredi 10h-15h / 17h-21h
Samedi 10h-15h

PRIX
€

Depuis la rue, l'odeur ensorcelante de la porchetta s'infiltrera insidieusement dans vos narines ! Il est impossible de passer devant Er Buchetto sans la sentir puisqu'un énorme morceau de cochon de lait rôti à la peau bien croustillante est posé en évidence, protégé d'une vitrine, à seulement quelques centimètres de l'entrée.

Minuscule, la salle contient à peine 4-5 tables où déguster exclusivement cette spécialité. Les Romains et les touristes du monde entier ne viennent ici que pour ça, la porchetta étant tout à fait délicieuse.

À 6 mn à pied de la gare Termini

On adore

Que l'on puisse prendre son sandwich à emporter (la boutique étant vraiment petite).

→ INSTAGRAM : **@erbuchetto**

84 LA CRÈME DE LA CRÈME **DU FOOD COURT EN CENTRE-VILLE**

Mercato Centrale Roma

ADRESSE
Via Giovanni Giolitti, 36, 00185

TÉLÉPHONE
+39 06 4620 2900

HORAIRES
Tous les jours
7h30-minuit

PRIX
€

À 7 mn à pied de la place de la gare Termini

Pouvoir goûter en un seul et même lieu à une avalanche de spécialités italiennes en plein cœur de Rome ? C'est la promesse du Mercato centrale de la gare de Termini !

Agencé à la manière d'un food court à l'américaine, vous aurez le choix entre différents comptoirs proposant pâtes, viandes grillées, fritures, pizzas, spécialités siciliennes, poissons frais, glaces et pâtisseries. Certains stands sont, eux, plus axés autour de produits phares, comme la truffe et les champignons (risotto, pâtes, etc...) ou les artichauts. Le véritable avantage de ce lieu est de pouvoir y déguster des plats emblématiques de la gastronomie italienne (pizzas du chef Marco Quintili, *sfogliatella* de la pâtisserie Sessa 1930...), sans avoir à courir la ville !

On adore

Le génialissime stand du chef Dario Giliberto, dédié aux artichauts.

→ INSTAGRAM : **@ilmercatocentraleroma**
→ **mercatocentrale.it/roma**

tacchino, insalata
pomodoro
e mozzarella
8,50€
mortadella
stracciatella
e pistacchio
mortadella, stracciatella
and pistachio
8,50€

Pasticceria Regoli

ADRESSE
Via dello Statuto, 60,
00185

TÉLÉPHONE
+39 06 487 2812

HORAIRES
Mercredi-lundi
7h-19h

PRIX
€

Voilà plus de 100 ans que la famille Regoli régale les palais romains avec la plus grande attention et dans le respect des valeurs ancestrales, combinant avec brio tradition culinaire et passion de la pâtisserie.

Aujourd'hui, pour leur plus grande fierté, la vitrine digne d'une pâtisserie d'antan regorge de choux à la crème, cannoli siciliens, tartes à la confiture d'abricots ou de fraises, et autres petits biscuits des plus savoureux. Il est également possible, si vous le souhaitez, de déguster glaces et gâteaux dans l'extension juste à côté qui, elle, fait salon de thé !

On adore

Leurs maritozzi, parfaite définition de ce qu'est le food porn gourmet !

À 3 mn à pied de la piazza Vittorio Emanuele II et à 10 mn à pied du parc del Colle Oppio et des thermes de Trajan

→ pasticceriaregoli.com

Regoli
dal 1916
PASTICCERIA

Regoli
€ 33,80
Regoli
€ 29,50

CANNOLI SICILIANI
€ 3,50 L'UNO
FAGOTTINI DI RICOTTA
€ 5,00 L'UNO

ON AIME AUSSI · BEAUCOUP ·

ROMA TERMINI

COLOSSEO

86

CIRCOLETTO

BAR À VINS

Via dei Cerchi, 55, 00186 | +39 06 8377 7691 | Lundi-vendredi 18h-minuit / samedi 18h-00h30 | € à €€

→ Instagram : **@circoletto_roma**

En plus de pouvoir choisir parmi une superbe sélection de vins natures pour l'*aperitivo*, vous dégusterez ici des plats sur le pouce à l'originalité renversante comme une pizza au pastrami de langue ou un traditionnel filet de merlu frit accompagné d'un tzatzíki ultra frais.

87

DRINK KONG

BAR

Piazza di San Martino Ai Monti, 8, 00184 | +39 06 2348 8666 | Tous les jours 18h30-2h | €€

→ Instagram : **@drinkkongbar**
→ **drinkkong.com**

L'atmosphère de ce bar, classé parmi les 50 meilleurs du monde, est exaltante, mêlant néons et déco futuriste. Derrière le bar, des cocktails sophistiqués prennent vie, variations équilibrées de saveurs sucrées, acides et amères additionnées au subjectif facteur Kong. Chaque verre devient une véritable expérience, célébrant l'art de la mixologie.

88

TRATTORIA MONTI

CUISINE ITALIENNE

Via di San Vito, 13, 00185 | +39 06 446 6573 | Mardi-samedi 13h-14h45/20h-22h45 / dimanche 13h-14h45 | €€ à €€€

La carte courte mais sacrément efficace de ce restaurant sent bon l'authenticité ! Vous vous régalerez de tagliatelles au ragoût ou à la truffe à moins que vous n'optiez pour une soupe. Dans tous les cas, les plats de la trattoria Monti vous réchaufferont le cœur.

TESTACCIO

89

DA BUCATINO

TRATTORIA ROMAINE

Via Luca della Robbia, 84, 00153 | +39 06 574 6886 | Mardi-dimanche 12h-15h/19h-23h30 | €€

→ **dabucatino.it**

On adore le cadre sans prétention de ce restaurant, parfait pour déguster des classiques de la cuisine italienne comme les rigatonis alla carbonara, les bucatinis alla amatriciana ou encore les gnocchis *al pomodoro* servis avec ce charme brut et authentique, propre aux trattorias romaines.

90

FELICE A TESTACCIO

CUISINE ITALIENNE

Via Mastro Giorgio, 29, 00153 | +39 06 574 6800 | Tous les jours 12h30-15h30/19h-23h30 | €€ à €€€

→ **feliceatestaccio.com**

Chez Felice a Testaccio, les plats romains sont préparés avec un savoir-faire qui se transmet depuis des générations, offrant des saveurs fidèles, justes et directes. Dans ce restaurant, Rome se savoure dans toute sa simplicité !

91

FLAVIO AL VELAVEVODETTO

CUISINE ITALIENNE

Via di Monte Testaccio, 97, 00153 | +39 06 574 4194 | Tous les jours 12h30-15h/19h30-23h | €€

→ **ristorante velavevodetto.it**

Chez Flavio al Velavevodetto, vous dégusterez des spécialités romaines respectueuses des traditions. Dans un cadre chaleureux, on savoure par exemple un plat de *caccio e pepe* parfaitement exécuté, non loin du Monte dei Cocci, témoin discret de l'histoire de Rome.

92

PIATTO ROMANO

CUISINE ROMAINE

Via Giovanni Battista Bodoni, 62, 00153 | +39 06 6401 4447 | Lundi-samedi 12h45-15h/19h45-23h30 | €€

→ **piattoromano. superbexperience.com**

Piatto Romano célèbre les saveurs locales avec une simplicité rafraîchissante, à l'aide de recette révélant le meilleur des produits de saison. Dans une ambiance conviviale, loin du tumulte touristique de la ville, des plats traditionnels comme les saltimboccas alla romana invitent à goûter Rome dans toute sa générosité.

MES ADRESSES

Et aussi dans les autres quartiers

* HORS PLAN

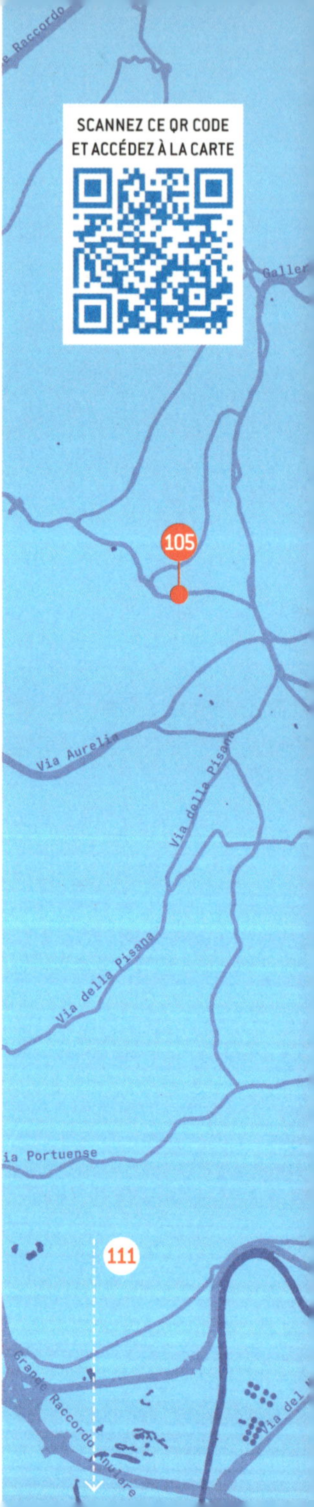

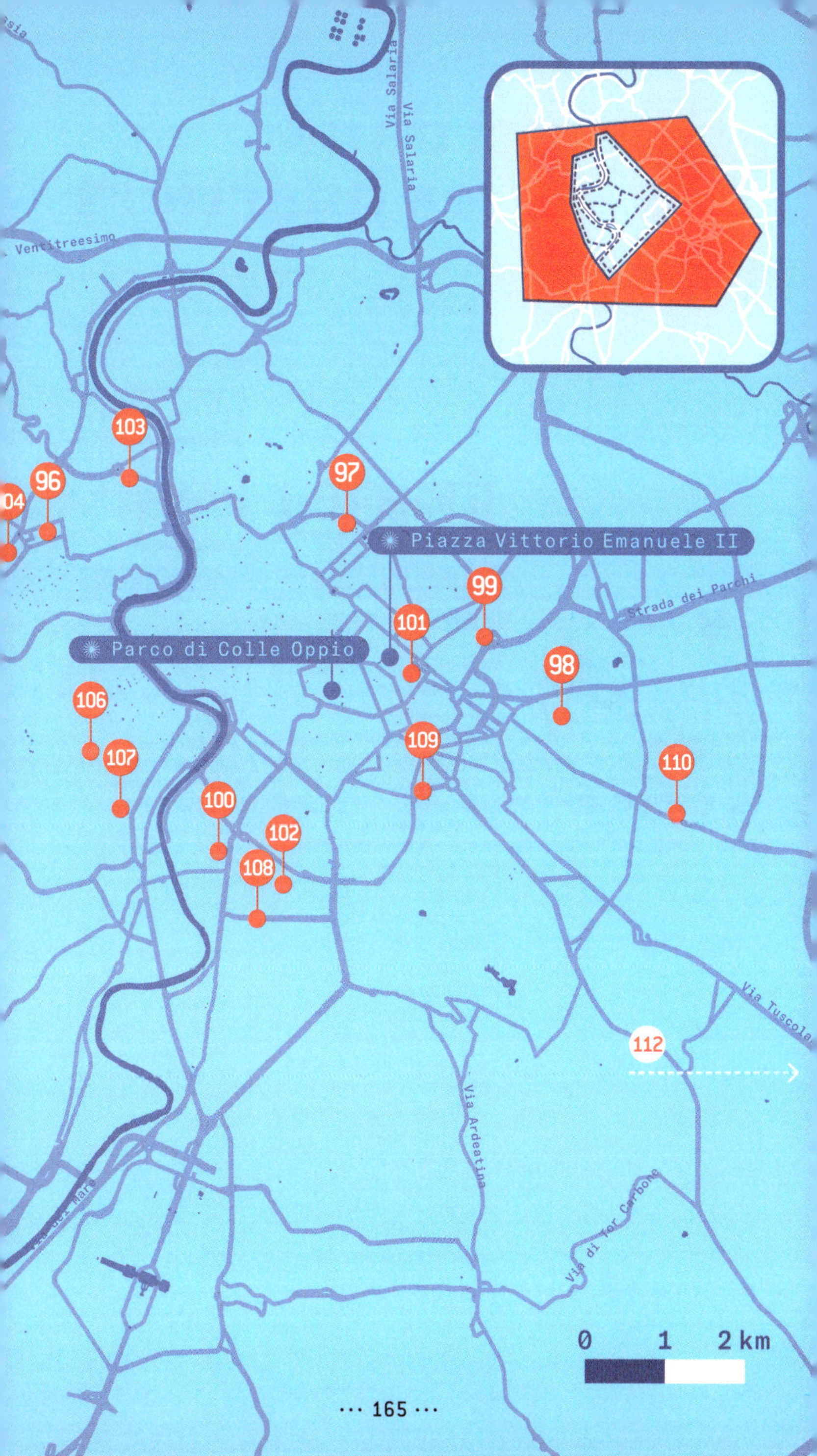

Via Salaria
Via Salaria
Ventitreesimo
103
96
04
97
Piazza Vittorio Emanuele II
99
101
Strada dei Parchi
98
Parco di Colle Oppio
106
107
109
110
100
102
108
Via Tuscolana
112
Via Ardeatina
Via di Tor Carbone
0
1
2 km

Et aussi dans les autres quartiers

97

FARO – CAFFÈ SPECIALTY

CAFÉ

Via Piave, 55, 00187 | +39 06 4281 5714 | Lundi-vendredi 8h-16h / samedi-dimanche 9h-17h | €

→ Instagram : **@farorome**
→ **farorome.com**

Les amateurs de café trouveront ici leur bonheur dans une tasse où chaque arôme est sublimé par une sélection minutieuse de grains de café de spécialité. Avec une carte de brunch et lunch simple mais maîtrisée, l'endroit attire les Romains du quartier, venus savourer pastas, toasts gourmands et autres assiettes colorées dans une ambiance conviviale et contemporaine.

98

COCKTAIL AND SOCIAL CO.SO

BAR À COCKTAILS

Via Braccio da Montone, 80, 00176 | +39 393 133 4348 | Tous les jours 19h-3h | €€

→ Instagram : **@at_co.so**

Le menu, tel une séance de psychanalyse, est découpé en 3 parties : conscient, subconscient, inconscient. Le tout donnant une carte de cocktails tout sauf conventionnelle ! À gouter absolument : le Carbonara Sour, à base de vodka infusée aux lardons, poivre et blanc d'œuf.

99

TRAM TRAM

CUISINE ROMAINE ET ITALIENNE

Via dei Reti, 44, 00185 | +39 06 490 416 | Mardi-dimanche 12h30-15h/19h30-23h | €€

→ **tramtram.it**

La cuisine traditionnelle est à l'honneur avec des plats généreux comme la *puré di fave e cicoria* ou les pâtes *alla gricia sbagliata*. Dans un décor sobre et accueillant, chaque assiette rappelle le goût du fait maison, servi dans une ambiance chaleureuse où l'on se sent comme chez soi.

100

CASA MANFREDI TEATRO

PÂTISSERIE

Via dei Conciatori, 5, 00154 | +39 06 9760 5892 | Lundi-samedi 8h-14h30 / dimanche 8h-14h | € à €€

→ Instagram : **@casamanfrediteatro**
→ **casamanfredi.it**

On vient ici pour leurs viennoiseries aériennes et dorées à souhait qui sortent du four avec une « croustillance » juste parfaite. Résultat d'un savoir-faire artisanal, leur panettone, véritable référence à Rome, mérite sacrément le détour.

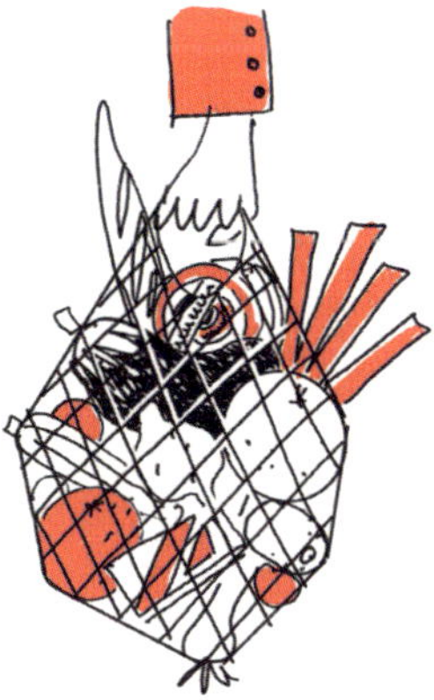

101

GELATERIA FASSI

GLACIER

Via Principe Eugenio, 65-67, 00185 | +39 06 446 4740 | Dimanche-jeudi 12h-22h / vendredi-samedi 12h-minuit | €

→ **gelateriafassi.com**

Ici, chaque glace, travaillée avec soin et simplicité, est un clin d'œil à plus d'un siècle de tradition. Dans ce lieu historique de Rome, ouvert en 1880, on vient savourer des *gelatos* ou des granités, au goût authentique et sans artifice d'une vraie glace italienne.

102

EATALY

MAGASIN DE PRODUITS ALIMENTAIRES

Piazzale 12 Ottobre 1492, 00154 | +39 800 975 880 | Tous les jours 9h minuit | € à €€€

→ **eataly.net**

Accessible facilement en métro, Eataly est le lieu incontournable si vous voulez rapporter des souvenirs gourmands ! Des pâtes, de l'huile d'olive exceptionnelle, et bien d'autres choses vous feront saliver, j'en suis certaine !

MES 4 RECETTES *romaines* PRÉFÉRÉES

POUR CAPTURER L'ESSENCE D'UNE VILLE, RIEN DE TEL QUE SES SAVEURS EMBLÉMATIQUES ! VOICI DONC QUELQUES RECETTES DE PLATS ICONIQUES, SI DE RETOUR À LA MAISON VOUS ÊTES NOSTALGIQUE ! CHAQUE BOUCHÉE VOUS TRANSPORTERA AU CŒUR MÊME DES TRADITIONS CULINAIRES ROMAINES.

PASTA ALLA CARBONARA

POUR 2 PERSONNES
TEMPS DE PRÉPARATION : 10 MN
TEMPS DE CUISSON : 15 MN

INGRÉDIENTS

- 200 G DE RIGATONI
- 80 G DE GUANCIALE
- 50 G DE PECORINO ROMANO RÂPÉ
- 2 JAUNES D'ŒUFS À TEMPÉRATURE AMBIANTE (C'EST TRÈS IMPORTANT POUR NE PAS QUE LE CHOC THERMIQUE LES FASSE COAGULER AU MOMENT DE FAIRE LA SAUCE)
- POIVRE NOIR DU MOULIN ET SEL (UNIQUEMENT POUR L'EAU DE CUISSON DES PÂTES. LE PECORINO ET LE GUANCIALE ÉTANT DÉJÀ SALÉS)

①
Coupez le guanciale en gros morceaux puis faites-le revenir dans une poêle à feu moyen jusqu'à ce qu'il soit bien doré et croustillant et qu'il libère son gras.

②
Pendant ce temps, faites cuire les pâtes environ 10 mn dans de l'eau salée. Égouttez-les, en veillant à garder environ 15 cl d'eau de cuisson.

③
Versez les pâtes dans la poêle, avec le guanciale.

④
Dans un bol, mélangez les jaunes d'œufs avec le pecorino râpé et du poivre noir moulu à votre convenance. Incorporez l'eau de cuisson au mélange d'œuf et pecorino vraiment tout doucement.

⑤
Retirez la poêle du feu puis versez le mélange de jaunes d'œuf, eau de cuisson et pecorino sur les pâtes. Mélangez bien. N'attendez pas pour servir.

RECETTE

PASTA ALLA GRICIA

POUR 2 PERSONNES
TEMPS DE PRÉPARATION : 5 MN
TEMPS DE CUISSON : 15 MN

INGRÉDIENTS

- 200 G DE RIGATONI
- 80 G DE GUANCIALE
- 50 G DE PECORINO ROMANO RÂPÉ
- POIVRE NOIR DU MOULIN ET SEL (UNIQUEMENT POUR L'EAU DE CUISSON DES PÂTES. LE PECORINO ET LE GUANCIALE ÉTANT DÉJÀ SALÉS)

①

Coupez le guanciale en gros morceaux puis faites-le revenir dans une poêle à feu moyen jusqu'à ce qu'il soit bien doré et croustillant et qu'il libère son gras.

②

Pendant ce temps, faites cuire les pâtes environ 10 mn dans de l'eau salée. Égouttez-les, en veillant à garder environ 15 cl d'eau de cuisson.

③

Versez les pâtes dans la poêle, avec le guanciale. Mélangez bien, puis incorporez petit à petit le pecorino râpé.

④

Assaisonnez de poivre noir fraîchement moulu à votre convenance.

⑤

Ajoutez un peu d'eau de cuisson pour lier la sauce, en mélangeant jusqu'à obtenir une texture crémeuse.

RECETTE

PASTA ALL' AMATRICIANA

POUR 2 PERSONNES
TEMPS DE PRÉPARATION : 5 MN
TEMPS DE CUISSON : 25 MN

INGRÉDIENTS

- 200 G DE RIGATONI
- 80 G DE GUANCIALE
- 50 G DE PECORINO ROMANO RÂPÉ
- 250 G DE TOMATES PELÉES
- PEPERONCINO (PIMENT ITALIEN) ET SEL (UNIQUEMENT POUR L'EAU DE CUISSON DES PÂTES. LE PECORINO ET LE GUANCIALE ÉTANT DÉJÀ SALÉS)

①
Coupez le guanciale en gros morceaux puis faites-le revenir dans une poêle à feu moyen jusqu'à ce qu'il soit bien doré et croustillant et qu'il libère son gras.

②
Pendant ce temps, faites cuire les pâtes environ 10 mn dans de l'eau salée.

③
Écrasez les tomates pelées puis ajoutez-les dans la poêle avec le guanciale accompagnée d'une pincée de peperoncino. Laissez mijoter 10-15 mn.

④
Lorsque les pâtes sont cuites, égouttez-les et ajoutez-les à la sauce. Mélangez pendant 2 mn puis incorporez le pecorino râpé.

RECETTE

PIZZA ROMAINE

POUR 2 PERSONNES
TEMPS DE PRÉPARATION : 10 MN
TEMPS DE CUISSON : 10 MN
TEMPS DE REPOS : 1 H

INGRÉDIENTS

- 250 G DE FARINE (+ 25 G POUR ÉTALER LA PÂTE)
- 2 G DE LEVURE BOULANGÈRE SÈCHE
- 1 CUILLÈRE À CAFÉ D'HUILE D'OLIVE
- 25 CL DE COULIS DE TOMATES
- 1 BOULE DE MOZZARELLA
- SEL
- BASILIC

①
Dans un saladier, mélangez la farine, la levure sèche, une généreuse pincée de sel, 15 cl d'eau tiède et l'huile d'olive. Pétrissez jusqu'à obtenir une pâte souple et homogène. Laissez reposer 1 h à température ambiante à l'abri des courants d'air.

②
Préchauffez le four à 250°C. Égouttez au maximum la mozzarella puis coupez-la en petits morceaux. Épongez ceux-ci à l'aide de papier absorbant afin d'en retirer un maximum d'humidité.

③
Divisez la pâte en deux boules et étalez-les finement à l'aide d'un rouleau à pâtisserie si besoin.

④
Garnissez chaque disque de pâte de coulis de tomate, de morceaux de mozzarella et de quelques feuilles de basilic. Enfournez sur une plaque chaude pendant 8-10 mn ou jusqu'à ce que la pâte soit croustillante.

RADICCHIO
PRECOCE
€ 1000
1 KG

HIER·S·R·E·PR·CARD·GASTALDVS
area pedonale

CARCIOFINA
IT
€5,00
KG

INDEX

ALPHABÉTIQUE

OUVERT DIMANCHE

OUVERT

LUNDI

INDEX

SPÉCIALITÉS

BARS & BARS À VINS

BOULANGERIES

BOUTIQUES, ÉPICERIES ET BOUCHERIES

CAFÉS

SUR LE POUCE

CHOCOLATIERS ET CONFISEURS

CUISINE ITALIENNE

RESTAURANTS GASTRONOMIQUES

TERRASSES ET ROOFTOPS

NOTES

REMERCIEMENTS

UN IMMENSE MERCI À MARIE ET FULVIO PIERANGELINI POUR LEUR AMITIÉ ET LEUR PROFONDE GENTILLESSE.

MERCI À CÉCILE PETIAU ET JULIE DUPRÉ POUR TELLEMENT DE CHOSES ! MAIS SURTOUT DE M'ACCOMPAGNER AVEC TANT DE DÉLICATESSE ET D'EMPATHIE. MERCI À NICOLAS GALLOIS POUR SON REGARD UNIQUE SI PERCUTANT ET JUSTE. TRAVAILLER AVEC VOUS EST UN BONHEUR ! MERCI À INÈS FERNANDEZ ET JULIA LORRAIN POUR LEUR DISPONIBILITÉ ET LEUR TRAVAIL RIGOUREUX.

MERCI À ORIANE SCHNEIDER ET MARION GRENIER DE MODUS OPERANDI D'AVOIR DONNÉ À CETTE COLLECTION UN SI BEL ÉCRIN. MERCI À BAPTISTE DENÉCHÈRE ET LÉNA SARRAULT DE FAGOSTUDIO POUR CES COUVERTURES VRAIMENT MAGNIFIQUES.
ET UN MERCI PARTICULIER À GUILLAUME ANDRÉ D'AVOIR RÉALISÉ UN VÉRITABLE TOUR DE FORCE AVEC LES MAQUETTES.

MERCI À CATHERINE SAUNIER-TALEC D'AVOIR INITIÉ CE PROJET ET À SIDONIE CHOLLET DE M'AVOIR FAIT CONFIANCE. VOTRE REGARD À CHACUNE EST TOUJOURS PROFONDÉMENT RASSURANT.

MERCI À MA FAMILLE CAR SANS VOUS LA VIE SERAIT BEAUCOUP MOINS BELLE ET DRÔLE.

MERCI ENFIN À MA FILLE JULIETTE POUR SON REGARD TOUJOURS SI JUSTE SUR MON TRAVAIL ET LA VIE EN GÉNÉRAL.

Textes et photos
ANNABELLE SCHACHMES

Conception maquette
MODUS OPERANDI

Illustration de couverture
FAGOSTUDIO

Mise en page
GUILLAUME ANDRÉ

CRÉDITS PHOTOGRAPHIQUES

Toutes les photos de cet ouvrage ont été réalisées par Annabelle Schachmes, à l'exception des suivantes :

Emilie Franzo (P. 2), Daniele Molajoli (P. 12 ; P. 13 ; P. 15), Janos Grapow (P. 8, P. 16, p. 18-19, p. 39, p. 51)) Andrea Di Lorenzo (P. 28), Oronce Hounkponou (P. 32), Bvlgari Hotel (P. 47 ht).

HACHETTE TOURISME

Direction générale
CATHERINE SAUNIER-TALEC

Direction opérationnelle
SIDONIE CHOLLET

Direction éditoriale
CÉCILE PETIAU

Direction artistique
et illustrations
NICOLAS GALLOIS

Édition
JULIE DUPRÉ,
avec la collaboration de
CAMILLE DUPONT

Cartographie
FRÉDÉRIC CLÉMENÇON,
AURÉLIE HUOT

Fabrication
LIZA SACCO

Contact presse
RACHIDA MAZEF
rmazef@hachette-livre.fr

Contact publicité
et partenariats
partenariat-tourisme@hachette-livre.fr

Droits internationaux
JANICE YIP
jyip@hachette-livre.fr

L'éditeur remercie
Juliette Goujon
pour son apport créatif
et Inès Fernandez
pour son assistance.

Ce titre est conçu à l'initiative, sous le nom, la responsabilité, le contrôle et selon les directives de Hachette Tourisme.

Conformément à une jurisprudence constante (Toulouse 14-01-1887), les erreurs ou omissions involontaires qui auraient pu subsister dans ce guide, malgré nos soins et les contrôles de l'équipe de rédaction, ne sauraient engager la responsabilité de l'éditeur.

Ne manquez pas de nous faire part de vos remarques. Informez-nous aussi de vos découvertes personnelles, nous accordons la plus grande importance au courrier de nos lecteurs :
hachette-tourisme@hachette-livre.fr

Édité par Hachette Livre
(58, rue Jean-Bleuzen, CS 70007, 92178 Vanves Cedex)

Imprimé par Gráficas Estella (Espagne) - Achevé d'imprimer : mars 2025

Codif 7888109
ISBN 978-2-01788202-2

Dépôt légal mars 2025
Édition 01

PAPIER À BASE DE FIBRES CERTIFIÉES

hachette s'engage pour l'environnement en réduisant l'empreinte carbone de ses livres. Celle de cet exemplaire est de : 800 g éq. CO_2
Rendez-vous sur www.hachette-durable.fr